AF215825

Tucholsky Wagner Scott Zola Sydow Freud Schlegel
Turgenev Fonatne Wallace
Twain Walther von der Vogelweide Fouqué Friedrich II. von Preußen
Weber Freiligrath Frey
Fechner Fichte Weiße Rose von Fallersleben Kant Ernst Frommel
Richthofen
Hölderlin
Engels Fielding Eichendorff Tacitus Dumas
Fehrs Faber Flaubert
Maximilian I. von Habsburg Eliasberg Ebner Eschenbach
Feuerbach Ewald Fock Eliot Zweig Vergil
Goethe Elisabeth von Österreich London
Mendelssohn Balzac Shakespeare Dostojewski Ganghofer
Trackl Lichtenberg Rathenau Doyle Gjellerup
Stevenson Hambruch
Mommsen Tolstoi Lenz Droste-Hülshoff
Thoma von Arnim Hägele Hanrieder
Dach Verne Hauff Humboldt
Karrillon Reuter Rousseau Hagen Hauptmann Gautier
Garschin
Damaschke Defoe Hebbel Baudelaire
Descartes
Hegel Kussmaul Herder
Wolfram von Eschenbach Schopenhauer Rilke George
Bronner Darwin Dickens Grimm Jerome
Melville Bebel Proust
Campe Horváth Aristoteles
Bismarck Vigny Voltaire Federer Herodot
Gengenbach Barlach Heine
Storm Casanova Tersteegen Grillparzer Georgy
Chamberlain Lessing Gilm
Langbein Gryphius
Brentano Lafontaine
Strachwitz Claudius Schiller Kralik Iffland Sokrates
Katharina II. von Rußland Bellamy Schilling
Gerstäcker Raabe Gibbon Tschechow
Löns Hesse Hoffmann Gogol Wilde Vulpius
Gleim
Luther Heym Hofmannsthal Klee Hölty Morgenstern Goedicke
Roth Heyse Klopstock Kleist
Luxemburg Puschkin Homer Mörike Musil
La Roche Horaz
Machiavelli Kierkegaard Kraft Kraus
Navarra Aurel Musset Kind Kirchhoff Hugo Moltke
Nestroy Marie de France Lamprecht
Laotse Ipsen Liebknecht
Nietzsche Nansen Ringelnatz
Marx Lassalle Gorki Klett Leibniz
von Ossietzky May Lawrence Irving
vom Stein
Petalozzi Knigge
Platon Pückler Michelangelo Kafka
Sachs Poe Kock Korolenko
de Sade Praetorius Liebermann
Mistral Zetkin

Der Verlag tredition aus Hamburg veröffentlicht in der Reihe **TREDITION CLASSICS** Werke aus mehr als zwei Jahrtausenden. Diese waren zu einem Großteil vergriffen oder nur noch antiquarisch erhältlich.

Symbolfigur für **TREDITION CLASSICS** ist Johannes Gutenberg (1400 — 1468), der Erfinder des Buchdrucks mit Metalllettern und der Druckerpresse.

Mit der Buchreihe **TREDITION CLASSICS** verfolgt tredition das Ziel, tausende Klassiker der Weltliteratur verschiedener Sprachen wieder als gedruckte Bücher aufzulegen – und das weltweit!

Die Buchreihe dient zur Bewahrung der Literatur und Förderung der Kultur. Sie trägt so dazu bei, dass viele tausend Werke nicht in Vergessenheit geraten.

Plattdeutsche lyrische Gedichte

Johann Meyer

Impressum

Autor: Johann Meyer
Umschlagkonzept: toepferschumann, Berlin

Verlag: tredition GmbH, Hamburg
ISBN: 978-3-8424-1706-9
Printed in Germany

Widmung.

»Am leevsten di,
För alles, wat din Hand all schreev, –
Nehm't an vun mi,
Ick wüß keen, den ick't leewer geev!«

So heff ick sungn,
Als du mal leevst in all Lüd Mund;
De Tid vergung, –
So sing ick noch ut Hartensgrund!

Wo büst du nu?
Dal gung din Steern vull Licht un Glanz,–
Still slummerst du, –
Un op din Hart legg ick min Kranz.

Wer weet, waneer,
Wenn't jüst den leewen Gott sin Will,
Ock ick ni mehr,
Ligg ebn als du, so stumm un still. -

So lang ick bin.
Denk ick an di un heff di leev!
Nehm't noch mal hin!
Heff noch keen, den ick't leewer geev!

Fort levt din Wort!
Uns grönt un blöht, wat du hest sei't!
Noch gifft't keen Ort,
Wo *Ludwig Meyn* sin Denkmal steiht!

Vaderhus un Modersprak

Vaderhus un Modersprak!
Lat mi't nömn un lat mi't ropen!
Vaderhus, du hellig Sted,
Modersprak, du frame Red',
Schönres klingt dar nix tohopen!

Vaderhus und Modersprak!
Beste twee vun alle Gaben!
Wüss dar nix so schön, so schön!
Mehr, als Gold un Edelsteen,
Liggt in düsse Wör vergraben!

Vaderhus un Modersprak!
Kinnergliick und Öllernfreuden!
Ach, wer köff se wull för Geld?!
Weer't ock för de ganze Welt,
Leet ick ni de leewen beiden!

Vaderhus un Moderpsrak!
Lat mi't nömn un lat mi't ropen!
Ward mi doch dat Hart so sla'n,
Ward mi gar de hellen Tran
Lisen ut de Ogen lopen!

Komp.: 1- u. 4 stimmig v. C. Gurlitt

Kennst du dat Land?

Kennst du dat Land
An'n Holstenstrand,
Vun'n Elvstram bit de Eiderkant?
Wo wit de See, bald lud, bald sacht,
Sick vor di dehnt in all ehr Pracht?
Wo ruscht dat Neth und singt de Swan,
Wo Segel swevt op blaue Bahn?
Dat smucke Land
An'n Holstenstrand,
Dat is min Heimatland!

Kennst du dat Land
An'n Holstenstrand,
So lütt, – un doch so weltbekannt?
Versteken achter Dik un Damm?
Mit Hemmingstcdt un mit de Hamm?
Wo Hunnert gegen Dusend sla'n?
Wo Graf un Fürsten ünnergahn?
Dat lüttje Land
An'n Holstenstrand,
Dat is min Heimatland!

Kennst du dat Land
An'n Holstenstrand,
Vun Segen rik ut Gottes Hand?
Wo lustig twischcn Heck un Dorn
De Wischen grönt un brust dat Korn?
Wo Lurken singt? – wo blöht dat Saat?
Un wo in'n Wold de Ecken staht?
Dat schöne Land
An'n Holstenstrand,
Dat is min Heimatland!

Kennst du dat Land
An'n Holstenstrand?

Ick füll min Glas bit hoch an'n Rand!
Und för min best un leevstes Gut
Drink ick den letzten Drüppen ut!
Gott's Segen denn veel dusend mal
Daröwer hin! – darop hind[?]l! –
Hurah! min Land
An'n Holstenstrand!
Hurah! min Heimatland!

Komp.: 1. u. 4st. u. f. gemischten Chor v. C. l. Serpenthien. 4 stimmig v.
Em. Baldamus

In de Schummern.

Nu lang mi de Hand her
Un kumm mit din Kopp,
Un dar, wo dat Hart sleit,
Dar legg em man op!

Denn hang ick di lisen
Min Arm um de Nack
Un küss di de Ogen
Un strakel din Back.

Denn sitt wi to snacken,
Denn sitt wi to drömn,
Un buten dar blinkert
De Steerns dör' de Böm.

Un buten is't düster,
Un Fred' op de Eer, –
Un schull'd noch wat wünschen.
Ick wüss nich, wat't weer!

*Komp.: 1- u. 4 stimmig v. Em. Baldamus. 1 stimmig v. E. Gurlitt. 1 stim-
mig v. F. Becker.*

O du, min Blom, so rosenrot!

O du, min Blom, so rosenrot,
Min Drom un min Gedanken!
Un weer't de smuckste Edelsteen,
Din Angesicht is mal so schon,
Du Rosenknupp vun Melk un Blot
Mank kruse Luckenranken.

O du, min Blom, so rosenrot.
Min Leevde un min Leben!
Un geev mi ock de grote Eer
Vun all ehr Glück keen Handbreet mehr,
Bliffst du mi man, – wat hett't för Not?
Denn is mi allens bleben!

O du, min Blom, so rosenrot,
So kinnerfram un fröhlich!
Mak op din Ogn so hell un smart!
Kumm her un legg di an min Hart!
Denn heff ick di man opp'n Schot,
So bün ick still un selig.

För alles Gut, för alles Geld,
Ick kunn di nümmer taten!
O du, min Blom, so rosenrot!
Wa bün ick doch so rik und grot!
Un hol mit di min ganze Welt
Un all min Glück umfaten!

Komp.: 1- und 4 stimmig v. Em. Valdamus.

Du lüttje Deern, so lilgenwitt.

Du lüttje Deern, so lilgenwitt.
Och, wenn ick so mal bi di sitt,
Wa ward dat Hart mi kaken!
Du lövst dat ni, – un doch is't wiß,
Noch riker als en König is,
Kannst du alleen mi maken.

Du smevst ja rein, als weerst en Wulk,
Du blöhst ja, als de smuckste Tulk,
Mit Rosen op de Backen;
Du schienst ja als en Blom in'n Dau,
Mit Ogn vun't klarste Himmelblau,
Un'n Luckenkranz um'n Nacken,

So'n sötes Engelsangesicht
Malt sülbn de beste Maler nich,
De allerbeste Maler.
Wa hol ick doch so veel vun di!
So veel, so veel! – un leet di ni
För hunnert dusend Daler!

Komp.: 1stimmig v. Dr. Fr. Dörr.

Din steernhell blauen Ogen.

Din steernhell blauen Ogen,
Wa seeg ick se so geern!
Se bargt den ganzen Himmel klar,
So wunnerbar, als wenn't wul gar.
Als wenn't wul gar
Twee Engelsogen weern.

Din steernhell blauen Ogen,
Wa seeg ick se so geern!
Wa sünd se doch so smuck un schön!
So prächtig flammt keen Edelsteen,
Keen Edelsteen,
So strahlt keen Abendstern!

Din steernhell blauen Ogen,
Wa seeg ick se so geern!
Un ward min Hart ock nümmer sund,
Un gah ick ock darbi to Grund,
Darbi to Grund,
Wat hölp't, – ick kann't ni wehrn!

Komp: – 1st Cl. Serpenthien.

Se sä'n, du weerst so schön un gut.

Se sä'n, du weerst so schön un gut,
Se lachen di so fründlich an,
Se harrn di dragen op de Hann
Bit ut de Welt herut.

Du stunnst dar, als en Rosenblöt
Un flogst de blauen Ogn to Eer,
Als wenn en Kind dat Beden lehr,
So engelsfram un söt.

Un ick, – ick heff di still ansehn,
Min Hart vun Lust un Leid so vull;
Ick wuss ni, wat ick leewer schull,
Ob freu'n mi, – oder ween'n.

Komp.: 1 st. v. C. Gurlitt. 1 st. v. O. Voigt.

Wat du mi büst.

Wat du mi büst, dat is mi keen,
Wenn't ock min Vader un Moder weer,
Un kunn ick di man jümmers sehn,
So wull ick sunst nix mehr.

Du büst min Freud, – du büst min Blom,
Büst allens, wat ick beden mag;
Du büst bi Nacht min Hartensdrom
Un wat ick denk bi Dag.

Un hol ick di man fast un warm
Un seeg di in de Ogn, so swart,
Denn heff ick all min Glück in'n Arm
Un all min Freud an't Hart.

Komp.: 1 st. v. C. Gurlitt. 1 st. v. L. Jessel. 1 st. v. W. Zürn.

Hartleevste min, so still un schön.

Hartleevste min, so still un schön,
Gah ni verbi, gah ni verbi!
Ach, wenn du wüss, warum ick ween!
Ick ween um di, ick ween um di.

Du seegst mi doch so hartlich an,
Du Blom so rot, du Blom so rot;
Ick harr di dragen op de Hann
Bit an min Dod, bit an min Dod.

Un vun mi wullst du gahn? – ach ne!
Dat kann ni we'n, dat kann ni we'n;
Allns, wat ick wünsch, allns, wat ick be,
Büst du alleen, büst du alleen.

Un hör mi ock de ganze Eer,
Ick geev se hin, ick geev se hin;
Wat nütz se mi, weerft du ni mehr,
Min Königin, min Königin!

Komp.: 1 st. v. C. Gurlitt, 1 st. v. L. Jessel, 4 st. v. C. W. Prase

Op de Lur

De Welt liggt still to slapen.
Doch hier in'n Gard'n mank Büsch und Blöm,
Mit Ogen, de noch apen,
Gah ick alleen to drömn;

Un baben dör' de Ruten,
Versteken vun en gröne Druv,
Schient still din Licht na buten
Noch ut de lüttje Stuv.

Ach, seeg ick mank de Ranken
Di eenmal man an't Fenster stahn.
Denn wull ick wider wanken,
Denn wull ick slapen gahn.

Nerrn in'n Gard'n.

In'n Gard'n hendal, dar nerrn an'n Bom,
Dar stecht de Bank in't Gras,
Wo vull vun söte Appelblom
De Telgns daröwer waßt;

Un sünd de Oln to Bett dar vör,
Un sleit de Nachtigal,
Denn swevt dat dör' de Kökendöhr
Ganz lis' den Stig hendal.

Denn knackt de Busch un rasselt lud
In'n Tun an Nawers Plank,
Denn krüppt dat sacht un swart herut
Un slikt sick na de Bank; –

Un babn, dar drömt de ole Bom
Un röhrt sick lis' in'n Wind,
Un nerrn – dar fallt de mitten Blom
Op twee, de glücklich sünd.

Komp.: 1st. v. C. Gurlitt.

Günd!

In'n Mandschien swimmt de Wulken;
De Welt is still, als wull se drömn,
Un günd in Nüstern liggt un slöppt
Dat Burhus mank de Böm.

De Fotstig längs de Koppeln,
De geiht hendal bit an de Port,
Un nösten, wenn de Grashoff kummt.
Denn büst du all an'n Ort.

Dar hangt de Stickbeinbüscher,
Dar waßt de Blom di vor de Föt,
Dar singt des Nachts in'n Appelbom
De Nachtigal ehr Leed.

Un an de Mür dör't Fenster,
Dar kiekt de Rosen in de Stuv;
Un achter Blom un gröne Bläd',
Dar – drömt en witte Duv!

Adjüs!

Adjüs! adjüs für jümmers denn! –
Noch een mal na dc letzte Nacht;
Din Leid is ut, din Qual to Enn;
Slap still un sacht.

Hier bröchen se di lisen rut
Un le'n di hin – un gungn un ween'n;
Du weerst so fram, du weerst so gut,
So still un schön.

So still un schön, as wenn dar stunn
En Rosenblöt in all ehr Pracht;
Un dochen all so fröh darvun? –
Wer harr dat dacht!

Adjüs! – dat hett so weh mi dahn,
Als se dat letzte Leed di sungn;
In't Psalmbok fulln de natten Tran,
De Klocken gungn.

Un jümmers, wenn se wedder gaht,
Un jümmers, kummt dar'n Sark verbi,
Un wenn de Porten apen stäht.
Denk ick an di.

Un slik mi weg un sök alleen
De Sted, dar wo du stoppst so still,
Un möch dat Hart mi lichter wee'n,
Dat breken will.

De Bageln singt, – dat Holt is grön,
Un Luft un Freud an jeden Ort;
Din Blom, de blüht so smuck un schön, –
Und du büst fort!?

O, kumm noch een mal wedder dal!
Dat is ja allens, wat ick be'!
Du weerst ja all min Lust un Qual,
Min Freud un Weh!

Umsünst, umsünst! – Du kummst ni her;
Du hörst mi ni, du sühst mi ni;
Ick bün so möd, – ick kann ni mehr;
Weer't man verbi!

Ja, ja! dat wünsch ick alle mal;
Durt ock ni lang, so kummt de Tid,
Denn leggt se hier den Tweeten dal,
Dicht an din Sit.

Denn singt de Nachtigal in'n Bom,
Un ahne Tran geit keen verbi;
Un öwer uns snackt lis' de Blom
Vun di un mi.

Denn slapt wi still, denn swiggt dat Hart
Un kennt keen Leid und deit keen Slag;
Doch kummt en Dag, wo't anners ward,
En groten Dag.

Un deep hindal flammt ock sin Schien
Un weckt uns op to Lust un Freud;
Denn büst du min, denn büst du min
In Ewigkeit!

Un wat mi hapt hebbt tru in'n Sinn,
Süh, denn ward't wahr! un Hand in Hand,
Swevt selig wi tohopen hin
In't betre Land!

Op'n Karkhoff.

De Wind, de weiht so lurig,
De Mand, de schient so schön!
Ick sitt so still un trurig
Hier mank de Likensteen;

Un kann se ni vergeten.
Ehr groten Ogn so blau, –
Se blöh, – so blöh keen Mäden,
Keen Ros in'n Morgendau.

Ick Hess mi op ehr smeten,
Ick schreeg un ween so lud;
Se hebbt mi vun ehr reten
Un drogn ehr still herut.

Nu slöppt se hier so lisen
Mank Rosen ünner'n Sand,
Un um dat Krüz von Isen
Dar flüggt dat witte Band.

De Wind, de weiht so lurig,
De Mand, de schient so schön!
Ick bün so trurig, trurig
Un denk an ehr un ween.

Öwer'n Karkkoff leeg ick geern.

Öwern Karkhoss seeg ick geern;
Is so still, so lisen;
Rükt so föt de Blom vun feern.
Schient de Krüz vun Isen.

Sachen sleit de Klock den Tack
Naben in de Wulken,
Un op't rode Karkendack
Singt de Spreen un Swulken.

Un dat Gras, dat grönt so frisch
Mank de Kränz un Bänner;
Un de vullen Rofenbüsch
Lehnt sick an't Gelänner.

Öwer'n Karkhoff seeg ick geern;
Is so still, so sachen!
O, so neeg! – un doch so feern.
Eh' wi't ahnt un dachen!

Süh, wat noch so gut, so söt,
Möt wi doch verlaten;
Un de Rosen, de dar blöht,
Sünd mit Tran' begaten.

Ward dat Hart so wit, so wit,
Ward de Bost so apen,
Ach, – un wo de annern li't,
Möch ick liggn un slapen!

Comp.: 1 st. v. D Voigt.

De Wulken.

De Wulken, de Wulken, de swevt dar so sacht!
Dat Hart is so düster, – so schurig de Nacht!
So swart is de Heben, – so slaprig dat Feld!
So still un so trurig uns' Herrgott sin Welt!

Uns' Herrgott sin Welt, – un wa weer se so schön!
De Vageln de sungn, un de Blom stunn to blöhn;
De Vageln, sünd weg, – un de Blom blöht ni mehr
Un wat ick so leev harr, – dat drogn se to Eer'!

Dar baben, dar baben, ach, wit in de Feern,
Günd achter de Wulken, dar blinkert de Steern,
Dar schall mul en Land we'n, so smuck un so schön,
Un wat wi verlarn hebbt, – dar schüllt mi dat sehn!

Min Hart is so trurig, – so düster de Nacht!
De Wulken, de Wulken, de swevt dar so sacht!
Mi düch, ick müss ringahn, – ick kunn se ni sehn,
Un kann't doch ni laten un stah dar to ween'n!

De lütten, lütten Steern.

De lütten, lütten Steern,
Wa seeg ick se so geern!
Se mahnt mi an so mennig Nacht,
Wo ick mit di tohopen sacht
Dar buten snackt vun all de Pracht,
Hoch baben in de Feern.

De lütten, lütten Steern,
Wa seeg ick se so geern!
Wi seeten wul vör Glück to ween'n,
Un meen'n: dat Leben weer so schön,
Doch müss't dar wul noch schöner we'n,
Hoch baben in de Feern.

De lütten, lütten Steern,
Wa seeg ick se so geern!
Se brennt noch, als se damals brenn', –
De schöne Tid is blots to Enn, –
Un du, – du büst dar lang all hen.
Hoch baben in de Feern.

De lütten, lütten Steern,
Wa seeg ick se so geern!
Un wünsch un be', dat't bald verbi.
Denn lücht se na de Heimat mi,
Wul hin na di, ja hin na di.
Hoch baben in de Feern!

Ick wull, ick harr di nümmer sehn

Ick wull, ick harr di nümmer sehn,
Ja nümmer sehn,
Denn harr dat all keen Not;
Denn sect ick ni des Abnds alleen
Un ween un ween
Mi still de Ogen rot.

Dar babn dar schient so hell de Steern,
So hell de Steern,
Mi dünk, ick kunn di sehn:
Ach, kunn ick rop, – wa wull ick't geern!
Doch in de Feern
Dar leetst du mi alleen.

Hier is ja nix mehr, wat mi hölt,
Nix, wat mi hölt
Mank all de Lust un Freud:
Dat Holt is grön, – de Blom op't Feld,
So schön de Welt,
Un dochen so vull Leid!

Dat ick hier bleev, wat harr ick da'n,
Wat harr ick da'n?
Ick harr di doch so leev;
Mag op de schöne Welt ni wahn.
De nix als Tran,
Als bittre Tran mi geev.

Un wenn de letzte Nacht dat weer,
Ja, letzte weer,
Denn weer dat all verbi!
Ick bün so möd, – ick kann ni mehr;
Un in de Eer,
Dar sleep ick still bi di!

Gung Abends still to Rau de Dag

Gung Abends still to Rau de Dag,
Un schien dat Abendrot vun feern,
Un keem tonöst de düstre Nacht
Mit all ehr golden Steern,

Denn seegn wi still den Heben an,
So ick bi di, un du bi mi, –
Denn heel ick di mit beide Hann
Un küss un strakel di.

Un full dar denn bischuerns mal
Hell dör' de Nacht vull Slap un Drom
En Steern so lis' vun'n Himmel dal,
Als full dar'n Blöt vun'n Bom,

Denn faten wi uns faster um,
Denn drücken wi uns warmer an
Un wünschen beide still un stumm,
Wat Leevd' man wünschen kann.

Wo is se blebn, de schöne Tid?
Wa gung se ock so gau verbi?
De schöne Tid, ach nu so mit.
So mit als du vun mi!

Dar geiht wul noch to Rau de Dag,
Dar fallt wul noch bischuerns mal
Een vun de Sterns hell ut de Nacht
Op unse Welt hindal, –

Doch wenn 'ck mi nu wat wünschen schull,
Wat möch ick noch? – – ick weet't ni mehr, –
Ick bün so möd, – ick leeg dar wul
Am leevsten in de Eer!

O, söte Nacht!

O, söte Nacht,
In all din Pracht,
Wat drückst du mi de Ogn vull Tran,
So lisen un so lurig.
Un makst dat Hart so trurig,
Dat Hart, dat doch so lustig sla'n?

Din lütten Steern
In wide Feern,
Veel huunertdusend, alltomal,
Se stammt ja doch so fröhlich,
Se lacht ja doch so selig
Qp disse düstre Welt hindal!

Op disse Welt,
Wo nix mi hölt.
Als noch en Truereschenbom,
So heemlich un so lisen,
Un mit en Krüz vun Isen
Mank Rosmarin un Rosenblom.

Süh dar, – süh dar!
Full hell un klar
Nich ebn en Steern? – un als he full,
Wat wünsch ick mi denn eben?
Ach, wullst du mi't man geben,
Du weest ja lang all, wat ick wull!

Schick mi den Dod
Um't Morgenrot,
Schick mi em still als Engel rin
Un lat se mi begraben, –
Dar baben, – ach, dar baben,
Dar schüllt wi uns ja wedder findn!

In de Nacht.

Versteken slapt de golden Steern
In düstre Wulken still un sacht,
Un dör' de wide, wide Feern
Liggt still de swarte Nacht.

De Vageln mank de Bläd' in'n Bom,
Doch sunst so lud, – drömt alltomal;
Un slaprig hangt de lüttjen Blom
Ehr natten Kopp hendal;

Un als de möden Blom vull Dau,
So sünd de möden Og'n vull Tran,
So lengt dat Hart all lang na Rau
Un möch wul slapen gähn.

Komp.: 1 st.v. E. Magnus. 4 st. v. R. Hasselmann

Du!

Hell! als en Engel dör' de Nacht,
So swevst du dör' min Leben sacht,
Un ach so feern, un ach, so feern!
Doch wat mi slog un wat mi dreep,
Un wat mi lock un wat mi reep.
Du bleevst min Steern, du bleevst min Steern!

Du stunnst dar, als en Rosenblöt,
Du weerst so fram, du weerst so söt.
So still un schön, – so still un schön!
Ick muß di hebbn, – ick muß di winn:
Dar lenk uns' Herrgott still den Sinn
För mi alleen, för mi alleen!

Un süh, wa klungn dar hell un klar
De Leeder all so wunnerbar
In'n Ogenblick, in'n Ogenblick;
Doch wat ick dicht un wat ick sungn,
Vun di is't kamn, ut di is't klungn,
Min Lust un Glück, min Lust un Glück!

Un keem de Welt mit Ehr un Glanz,
Un bröch se mi den smucksten Kranz,
Weer ni für mi, – weer ni för mi!
Doch würr he wahr, de schöne Drom,
So reet ick ut'n Kranz de Blom
Un geev se di, – un geev se di!

Komp.: 1 st. v. L. Fried. Witt.

In'n Mai

De Eer is grön, de Vageln singt,
Dat't lingelangs an'n Heben klingt,
Un Freud ist allerwegen;
Vull luter Blöm
Hangt Büsch un Böm
Un predigt Gottes Segen.

Wa is't en Tid so merrn in'n Mai!
Un weer dat Hart ock noch so twei
Un noch so dull terreten:
Dar swinnt dat Leid,
Dar kummt de Freud,
Un allens is vergeten!

Ach, kumm un freu di, eh't to lat!
Still! hörst du wul? – de Klocken gaht.
De Karkhoffport steiht apen;
Wer weet, waneer
Ock du ni mehr,
Liggst in de Eer to slapen!

Komp.: 1 st. v. E. Magnus, 4 st. v. R. Hasselmann.

Vörsummer.

Wenn de Drossel cerst fleut,
Un de Bokfink all fleit.
Wenn de Lurken all trillert an'n Heben,
Un wenn Pingsten ni mit,
Wat en Tid! wat m Tid!
Wat en Lust! wat en Freud! wat en Leben!

Op de Koppeln so bunt
Kamt de Blom ut'n Grund,
Brust dat Korn, scheet de Planten un Paten;
Un in Knicken un Tun
Hüppt de Vageln, to bu'n,
Hangt de Dornbüsch, mit Sneeblom begaten.

Un in't Holt, – wa dat watzt!
Kummt dat Moos, kummt dat Gras,
Kamt de Lilgen hellfröhlich darünner;
Schient de Böken so grön,
Wüllt de Oschen all blöhn,
Lopt na Möschen un Maiblom de Kinner.

Wat en Tid, mat en Tid,
Is eerst Pingsten ni mit!
Wat en Leben, so wunnerbar selig!
Un de Leevde is kamn, –
Un för Sorgen un Gram
Is keen Platz op de Welt mehr so fröhlich!

Ward dat Hart doch so vull.
Als wenn't Summer warrn wull
Ock dar binn', – un de Blom harrn all dreben;
Lat't man blöhn, – lat't man blöhn!
Ach, de Welt is so schön!
Is so schön! – un so kort is dat Leben!

Komp.: 1 st. v. W. Zürn.

Vörjahrsmorrn.

Juchhei! dat is en Leben,
Wenn't nerrn so grön im babn so blau.
De golden Sünn an'n Heben,
De Wischen hell in'n Dau.

Du slarrst noch op Pampuschen?
Du sittst to Hus un teilst den Geld?
Ick möch ni mit di tuschen
För allens op de Welt!

Hö' du din Dalertztuten
Un putz din Geld vun'n Schimmel blank;
Ick slenner leewer buten
Den grünen Feldweg lank.

Dar drömt de Möhlnbek sachen
Hendör' mank all de bunten Blom,
Dar hör 'ck den Kukuk lachen
Hoch öwer mi in'n Bom.

Dar rükt so söt de Kleewer,
Dar rankt de Hoppen öwer'n Wall,
Dar singt, je mehr, je leewer,
De lütten Vagels all.

Dar wüllt de Ahrn all scheeten.
Dar staht de blauen Blom in't Korn,
Dar brüst un maßt de Welen
Mi meist bit an de Ohrn.

Un ick darmank so selig.
De lütten Vageln öwerhin, –
So lustig all un fröhlich,
Als gung't na'n Himmel 'rin!

Vörjakr

Juchhei! wa iß de Luft so blau.
Wa singt de Vageln schon,
Wa blitzt so bunt de Blom in'n Dau,
Wa schient de Bom so grön!

Dar habn in't Blaue möch ick wahn
Un singn in'n grünen Bom –
Un möch de Vageln all verstahn
Un snacken mit de Blom!

Mi dünk, als wenn ick selig weer;
Ick tunn, – ick weet ni wat!
Mi ist to lütt de grote Eer,
To grot dat lütte Hart!

Komp.: 1st. E. Gurlitt. 4st. v. Ad. Fey, 1-, 2-, 4st. u. f. gemischten Chor v.
L. Jessel

De Summer schient in all sin Pracht

De Summer schient in all sin Pracht.
He grönt un blöht un levt un lacht
Op Koppeln, Moor un Heiden;
Als harr de Eer
Keen Kummer mehr
Un nix als luter Freuden.

Dat smucke Holt is wedder grön,
Un Feld un Wischen staht to blöhn,
Un moje is dat Wedder.
De Lurken singt,
De Lämmer springt,
De Drosseln fleut in'n Redder.

Ach, freu di an de schöne Tid!
Dat durt ni lang, so is se wid.
So streut de Winter Flocken,
Un Grön un Blom
Weern als en Drom, –
Un witt sünd di de Locken!

Komp.: 4 st. v. Cl. Serpenthien.

Bald

In'n Süun'nschim prangt de Böken!
Un grönt de Wischengrund, –
Nu kannst all'n Blom di söken, –
Dat Vörjahr dei't sick kund.

De Lurk stiggt in de Wulken
Un singt ehr Leed hendal,
Un bald kamt all de Swulken
Un kummt de Nachtigal.

Un bald hangt alle Twiegen
Sneewitt un rosenrot, –
Un bald op alle Stiegen
Dör Blom hin geiht din Fot,

Un bald in Saat de Koppeln, –
Un blaue Blom un Mahn, –
Un bald all wedder Stoppeln,
Wo hoch dat Ahrnfeld stahn,

Un bald all wedder Flocken,
Un narms en Blatt, en Blom, –
Un Witt sünd di de Locken,
Un allens als en Drom. –

Keen Stillstand un keen Stocken,
De Tid geiht als en Nu. –
Un bald, denn gaht de Klocken,
Un denn, – wanem büst du?!

In de Wisch.

In de Wisch,
Mank de Büsch,
Mank de Hümpels vun Hau,
O, wa schön!
O, wa grön!
Un de Heben, wa blau!
Wo du geihst.
Wo du stechst,
Wa dat levt, wa dat lacht!
O, wa bunt
Op'n Grund!
Un en Pracht! un cn Pracht!

Dör' de Wulk
Jagt de Swulk,
Un de Iritsch, de röppt;
Un in'n Bek
Palscht de Hck,
Un dat Water, dat löppt!
Un de Junn
Swarmt herum,
Un de Grashüpper springt;
Un in Blot
Steiht dat Ret,
Un de Lurken de singt.

In de Wisch
Mank de Büsch,
Mank de Hümpels vun Hau,
O, wa schön,
O, wa grön!
Un wa leevlich de Rau!
O, wa veel,
Rot un gehl,
Blau un witt in de Feern!
Nix as Blom;

Un in'n Bom
Lett de Kukuk sick hörn.

Ünner'n Tun
Kannst du ruhn,
Brummt de Hummel in't Moos;
Hangt de Nöt,
Vor de Föt
Waßt de Sötblom un Ros';
Wat en Bett!
O, wa nett!
Öwer Bläder un Blöm,
Ünner'n Tun
Kannst du ruhn.
Kannst du dichten un drömn.

Kamt de Grilln,
Muss se stilln;
Kamt de Sorgen so swart,
Gah man 'rut,
Deit di gut,
Smödt di Bossen un Hart.
In de Wisch
Mank de Büsch,
Mank de Hümpels vun Hau,
O, wa schön!
O, wa grön!
Kumm man gau! Kumm man gau!

Komp.: 1 st. v. C. Reinecke. 1 st. v. L. Jessel.

An't Holt.

Halv buten't Holt un halv darin
Un Köhlung för de Hitten, –
Dat is en Platz recht na min Sinn,
Hier mutt ick eerst mal sitten.

Wa wild dat dör' enanner maßt,
Un schütt na alle Kanten!
Bennt, Brahm un Slangkrut, Moos un Gras
Un, Gott weet, wat för Planten!

Blauveilchen un lütt Steernblom kiekt
Deep ünner mi in'n Graben, –
Un Ros' un Sötblom rankt und rükt
Hoch öwer mi dar baben!

Un dar, – dat's noch dat Allerbest'! –
Mank Brombein un mank Möschen
Versteken en lütt Vagelnest, –
Is wul en lütt Gehlgöschen.

Un Neddeln dar und Löwenmut,
Un dar, ganz vun de Tilgen
Behangn, en ole Mergelkuhl,
Vull Leesch un Waterlilgen!

Un dar Quitsch. Hassel, Doorn un Slö'n,
Rund um mi wat för'n Redder!
Un hier dat ole Holt so grön, –
Wa hett dat allns sin Wedder!

Ick Hess en Hoff, wo't prächtig steiht
In Betten un in Reegen, –
Wo so uns' Herrgott plant't un sei't,
Dar kummt doch nix ni gegen!

Mank't Korn.

O, wa so welig in de Höh
De smucke Roggn sick heut,
Un wa de Welln, als weer't cn See,
Daröwer lisen swevt!

Am leevsten bün ick merrn darmank,
De Ahrn bit an de Ohrn –
Un slenner so den Fotstieg lank
Hindör' dat leewe Korn.

Mank himmelblau un rode Blöm
Un mank de Halms vun Gold,
Dar dünt mi't jüst, als mank de Böm
In't frische, gröne Holt.

Wa lustig swarmt de Bodderhorn,
Un Hummel, Lurk un Imm!
Spelt all herum in't leewe Korn
Un levt un freut sick drin.

Dar stüggt un singt de Lurk herut,
Uns' Herrgott geev dat Mahl;
Se schütt ehr Hart voll Leeder ut
Un gütt se op mi dal.

O, wa so seelnvergnögt mi ward!
Ick kann mi ni bedwingn;
Se got mi wul en Leed in't Hart,
Dat mutt ick mit ehr singn:

Du öffnest Deine milde Hand
Und gibst uns Trank und Speis'
Und segnest Volk und Vaterland,
Dir sei Lob, Ehr und Preis!

De Flaskoppel.

So fien un krus, so hell und grön,
Als Bökenholt in'n Mai,
Un op un dal, wa still un schön
Un lisen, als en Dei!

Ja, wat en Pracht! noch vull vun Dau,
In Parlen klar un blank;
Un all de Köpp, so himmelblau
Dar baben öwer lank.

Un jede Blom en Honnigschal,
Wat kummt dar nich un stippt?!
Süh, Imm un Fleerlink alltomal,
Wa swarmt se rum un nippt!

Un baben schient so warm de Sünn,
De Lurken singt so lud,
Se fleegt dar rut, se fleegt dar rin
Un hebbt de Nester bu't.

Ja, wat en Pracht! so ewig veel
Vun Knuppen un vull Blom!
Se lacht di an bit in de Seel,
Als Engelsogn in'n Drom.

Du freust di wul; – och, freu di man!
Dat Unglück kummt so gau;– –
Di lacht vellich twee Ogen an,
Wul ebn so smuck un blau; –

Un Leid un Kummer sünd jüm fremd,
Dat Leben is so söt!
Wer weet, wakeen sin Dodenhemd
Darmank all grönt un blöht!

Drusregen.

De Regen drust, un op de Wisch
Hangt allns vull blanken Dau!
Wa is se bunt un grün un frisch,
Wa blinkt de Bek so blau!

He löppt de Wischen dör' un singt
Un fangt de Himmelstran,
Un wat de Regendrüppens klingt,
Mi dünk, ick kunn't verstahn:

Bald Freud un Lust, bald Leid un Qual,
Is allns en korten Drom!
De Drüppens swimmt den Bek hendal,
De Bek löppt dör' de Blom! –

Komp.: 1st. v. O. Voigt.

Bi'n Gewitter.

Dat is so lud, als wenn en Festdag weer;
De Lurken stigt to Höch un singt dar baben.
De Smulken spelt un jagt sick hin un her,
Un lustig quackt de Pögg ehr Leed in'n Graben.

Still is de Wind, dar röhrt keen Blatt an'n Bom;
Dat is, als keem de Hitten jümmers sider;
Un trurig hangt de Bläder un de Blom,
Un Bodderhorn un Imm fleegt ilig wider.

Wo sünd de Vageln, de so lustig weern,
Op eenmal blebn? – ick hör se doch noch eben;
Dar günd, – dar rullt de Dunner in de Feern,
Un jümmers smarter stiggt dat op an'n Heben.

Hu, wa dat lei't! un lücht so hell hindal!
So witt un rot! – en gresig smuckes Wunner!
Nu steiht in Für de grote Himmelssaal,
Un lud un jümmers luder dröhnt de Dunner!

Dar lurt so still, so still dat gröne Feld,
Kecn Lurk dörrt mehr to Höch den Himmel stigen.
Uns' Herrgott sprickt, – – un ruhig is sin Welt,
Sin grote Welt, – un bedt em an mit Swigen.

Min Dörp

Min Dörp, min Dörp in wide Feern,
Mank Blom un gröne Böm,
Wa mag ick noch so geern, so geern,
So geern mal vun di drömn.
So geern en trulich Wort di seggn,
Wa du mi leev un rar, –
Denn ach, dat Sehn'n un ach, dat Lengn,
Dat makt dat Hart so swar!

Wa leegst du dar in'n deepen Grund
Mank Eschen un mank Lindn,
Wa weern de Hüser smuck un bunt
Vun buten un vun binn,
Un denn dat Hus, dat unse weer, –
Wo Obbe op de Del
Mit Moder mi dat Lopen lehr,
Un Vader mit mi spel,.

Un vor de Döhr de ole Bom,
De Grasplatz, de so grön,
Un denn de Hoff vull Büsch un Blom,
Wa weer he smuck un schön!
Un denn de Sot, – un achter'n Stall
De Hoppen öwer'n Tun, –
Un denn de Ellhorn, wo in'n Wall
Wi Kinner Hüser bu'n.

Wa weer se smuck, de gröne Wisch,
Wo still de Möhlnbek leep,
Un wo dar ut de Ellernbüsch
De Kukuk lach im reep!
Un op de Höchd', de Koppeln lank.
Den Folstig dör' dat Korn,
Dar brüst de Rogg so hoch un blank
Uns Görn bit an de Ohrn.

Dar strecken wi, dar heeln wi Nau,
Dar speln wi, als to Hus,
Un plöcken Blom uns, rot un blau,
Un bundn se uns to'n Struß,
Dar müssen Brombein, swart un brun,
Un Eerdbein, rot un söt.
Dar suchen wi herum in'n Tun
Na Nester un na Nöt.

Un Sündagmorrns, wa weer dat schön!
Denn stunn ick an de Plank,
Dar kunn ick ömer'n Karkhoff sehn.
Dar keemu de Lüd henlank.
Un wenn in'n Torn de Klocken klungn
Dat leet so nett vun feern.
Un wenn tonöft de Orgel gung, –
Wa hör ick't doch so geern!

Un Abends schien de Mand so still
Un togn de Wulken sacht.
Denn speln un sprungn wi op'n Knüll
Bischurns de halwe Nacht;
Un in de Feern, den Redder dal,
Verlaten un allem.
Dar fleut ehr Leed de Nachtigal
Un seet in'n Busch to ween'n.

Wo is se hin, de schöne Tid?
Wo sünd wi Kinner bleb'n?
Ach, in de Welt, so fremd un wit,
All lang vunanner drebn!
Un mennig een, de damals sprung,
Kummt nümmer, nümmermehr; –
Se hebbt to Rau em buten sungn
Un todeckt in de Eer.

Un mi, – – mi lopt de Tran hendal;
Dat weer dar doch so schön!
Mi düch, ick hör de Nachtigal

Un kunn den Karkhoff sehn;
Mi düch, ick seeg dat Hus, – den Bom –
Un hör de Klocken gahn;
Ach ne! – dat weer ja blots en Drom,
Den ick mi köff mit Tran!

Abends

De Mand schient dör' de Ruten,
Un slavrig leggt sick buten
De möde Welt allebn to Rau.
Vull Nebel hangt de Wischen.
De Bek slöppt mank de Rüschen,
Un vun de Blädcr drüppt de Dau.

Un fachen, een bi'n annern,
Sühft du se baben wannern,
De golden Steerns, so hell un schön;
Als kunnst du hier, verlaten,
Bi Nacht op fremme Straten,
De Lichter vun de Heimat sehn.

Ja, ja! un wo vull Kummer
En Og sick sehnt na Slummer,
Kummt still heran de söte Drom.
Dar ward dat Ween'n to Lachen,
Dar swevt de Engeln sachen
Un deckt den Kranken to mit Blom.

Denn swiggt wul, wat uns drapen.
Uns' Wünschen im uns' Hapen,
Un nmt uns drückt, wi föhlt dat ni!
Sünd't Sorgen we'n, sünd't Leiden,
De Drom, de mak't to Freuden
Un makt uns glücklich, still un fri.

O Mensch, nu lat dat Sorgen
Un quäl di ni um morgen;
Is nümmer lang bit't Abendrot.
Un kannst du ruhig beden, –
So gev di man tofreden.
So hett't wul ock mit di keen Not!

Abendleed.

Ruhig is dat wille Leben,
Düster liggt de wide Feern,
Un dar baben öwer'n Heben
Blinkert all de lüttjen Steern.

Slapt un lat de bösen Sorgen!
Lat den Gram un lat de Tran,
Kummt dar eerst de nie Morgen,
Ward't mit Gott wul wider gahn.

Mennig een, de geiht all slapen,
Slapen för en ewig Nacht, –
Deit de Ogn ni wedder apen,
Ob he't noch so wenig dacht.

Süh, un kannst du't sülbn denn weten,
Ehr de Nacht vöröwer geiht.
Ob du ni üt't Leben reten?
Ob di ni dat Hart all steiht?

Dör' de grote Welt is Freden,
Lang vöröwer is de Dag,
Fohl de Hann! – dat's Tid to'm Beden;
Wat dar kamn mag, – gude Nacht!

Komp.: 4st. v. C. W. Prase.

In'n Mandschien.

Süh dar! süh dar!
Wa schient he klar
Un blinkert op de Nuten.
Dat ganze Dörp is still un slöppt.
Man blots alleen de Wächter röppt
Un geiht herum to tuten.

Dat is en Nacht!
Is schier als Dag,
So hell un blau an'n Heben!
In'n Mandschien buten 'rumspatzeern
Un Leeder singn un grübeleern,
Dat is min Dusendleben!

De lüttjen Steern,
De hebbt vun feern
De Welt mit Dau begaten;
Wa weiht de Luft so warm un söt!
Dat makt de Blom – se drömt un geet
Ehr Rükelsch ut'n Platen.

Man in de Port,
Na'n Blomhoff fort
Un mank de Beet un Stigen!
De Bläder mummelt sacht an'n Bom,
Un Nagels slapt un piept in'n Drom
Un hüschert op de Twigen.

Günd liggt de Wisch,
Dar brut so frisch
De Voss den Dak na baben;
Dar brummt de Bek sin Abendleed,
Un an de Kanten, ünner't Ret,
Singt lud de Pögg in'n Graben.

De Wulken gaht
Ehr stille Strat,
De lange Reis' to maken;
Vull Lichter hangt de Himmelssaal,
De blinkert oft uns Menschen dal,
Als schulln se nns bewaken.

O. söte Nacht!
So still un sacht,
So lisen un so lurig;
De Nachtigal, de fleit so schön,
Dat is, als wenn se leng un ween,
Un makt min Hart mi trurig.

Wat kummt mi an?!
Ick fohl de Hann
Un kann ni wider treden;
Mi is, als kunn ick ehr verstahn,
Un beide Ogen sünd vull Tran;
Ick müch am leevsten beden.

Uns' Herrgott, Du,
Gev all de Ruh,
Lat keen dat Unglück drapen,
Un wo noch Leid un Not to sinn,
Dar schick vunnacht en Engel 'rin
Un lat se ruhig slapen.

Gude Nacht!

Gude Nacht!

> Is to Enn de wille Dag,
> Leggt de möde Welt sick slapen,
> Deit sick still de Himmel apen,
> Kamt de Steerns in all ehr Pracht;
> Gude Nacht!

Un de Drom

> Streut vun Dühr to Döhr sin Blom;
> Sachen swevt de Freden 'rünner,
> Ruhig slapt de kranken Kinner;
> Un dat Hart, dat ween'n wull, lacht;
> Gude Nacht!

Ach, wa schön

> Mutt dar habn de Heimat we'n!
> Schient de Lichter doch so fröhlich!
> Lacht de Himmel doch so selig!
> Kummst dar ok wul mal, – man sacht!
> Gude Nacht!

Fohlt de Hann!

> Drom un Dod de fat sick an; –
> Beter is't, wenn nix vergeten;
> Wat dar kummt, – du kannst 't ni weten.
> Gram un Kummer bringt de Dag;
> Gude Nacht!

Slummert söt!

> Engeln singt dat Weegenleed;
> Un wo noch en Hart vull Sorgen,
> Singt se't still in Slap bit morgen;

Un uns' Herrgott hölt de Wacht;
Gude Nacht!

Komp.: 4 st.v. E. W. Präse. 1 st. v. C. Serpenthien. 2 u. 4st,v. Friedr. Witt,
1 st. v. Dr. Friedr. Dörr

Adjüs, min lüttj' Swulken!

Adjüs, min lüttj' Swulken! de Summer is hin,
Nu möt jüm fort mit de annern.
De Rosen sünd affulln, keen Blom mehr to finn.
So still ward dar buten de Welt all to Sinn,
Un an't Wannern geiht dat, an't Wannern.

Dat weer en Tid, als ju kemn, als ju kemn.
Dar lach ock de Eer un de Heben.
Als de Lurken eerst sungn un de Knuppen eerst
dreebn,
Un als Heken sin Seken sich utsöch un neehm,
O, wa weer't doch en Freud' un en Leben!

So blau weer't dar babn, un hier nerrn weer't so grön,
Un so golden de Sünn'nschien dartwischen.
Un allens wull utslagn, un allens wull blöhn,
Un wa sungn doch de Vageln so nüdlich un schön,
Un wa lachen de Koppeln un Wischen!

Ach, wa anners is't wurrn, nu de Harstwind all weiht,
Un de Eekeln all fallt vun de Eeken!
Nu de Regen vun'n Bom uns de Appeln all sleit,
Un öwer de Stoppeln de Plog all geiht,
Wo na Kornblom dör't Roggnfeld wi streeken!

So is't mit de Freud, un so is't mit dat Glück, –
En Sünn'nschien twischen de Wulken.
Wi hebbt doch allus man en Ogenblick,
De Tid, de verstrikt, un de Wiser, de rückt,
Un de Stunn fleegt dahin, als de Smulken.

Adjüs denn! adjüs denn! verblöht sünd de Blom,
Un an't Wannern geiht dat, an't Wannern;
Un wenn wi fort möt, so weer't man en Drom,
Wi kamt un vergaht, als de Bläder an'n Bom,
Un so geiht't ock tonösten de annern!

Harsttiden

Nu sust de Wind, – de Wulken teht so smatt.
De Regen drust, – keen Vagel singt sin Leed;
Wo sünd se blebn, de lüttjen Blom so süt?
Se meer'n so smuck; wi harrn se geern noch hatt.

Wa weer't en Tid, als noch de Rosen stunn,
Un als de Welt vull Lust un Freuden weer!
Wo sünd se blebn? – de Rosen sünd ni mehr;
Un Luft un Freuden gungn dar still to Grunn.

Un wat so neeg weer, is dar nu so wit;
Un wat du leev harrst, hest du't denn noch all?
Besinn di mal! – se weer so grot, de Tall;
Un feilt dar melk, – – ick weet all, wo se li't.

Dat durt ni lang, so dünkt di allns en Drom,
So büst du müd, un liser sleit bin Hart;
Wat kamn is,–swinnt, un wat dar fwunn is, – ward,
Un öwer di, – – – dar waßt un welkt de Blom.

Harstgedanken

Buten süh, – ma sacht un lurig!
Still un trurig
Drömt un flöppt de ganze Welt.
Nargns en Lud un nargns en Leben,
Swarte Wulken hangt an'n Heben,
Un de Regen drust op't Feld,

Blom un Bläder fulln dar sachen,
Eh' wi't dachen,
Un wi harrn ee doch so geern!
Lisen klung en Dodenlüden
Dör' de Welt, – un fort na'n Süden
Togn de Vageln in de Feern.

Saat un Korn sünd vun de Koppeln,
Nix als Stoppeln,
Un dat gröne Holt so brun!
Wo de Blom in't Water lachen,
Drömt de Bek un söcht se sachen;
Un de Drüppens fallt vun'n Tun.

Nix to hörn, – als nerrn in'n Keller,
In de Eller,
Pipt en Drossel noch allem;
Rein, als wenn se um de annern
Lüttjen Vageln, de da wannern,
Lisen mit den Regen ween.

Ne, – denn ward cen doch so trurig
Un so schurig,
Un dat Zart so still to Mot!
Magst du't noch so warm umfaten,
Wat sick leev hett, – mutt sick laten!
Un – an't Leben steiht de Dod!

Komp.: 1 st. v. O. Voigt

In'n Harst

Wa weer dat doch vun't Vörjahr schön.
Dar brus' dat Korn so blau.
Dar weer't so warm, dar weer't so grön.
Dar schien'n de Blom in'n Dau.

Dar sungn de Vageln vor de Döhr,
Dar lev un lach dat Feld,
Als wenn se nix als Freuden weer.
De grote, wide Welt.

Nu sust de Wind de Blad vun'n Bom,
Nu sünd de Koppeln kahl;
Dar singt keen Vagel, blöht keen Blom,
Un Regen pietscht hendal.

Un Winter ward dat, ehr wi't dacht,
Dar hangt vull Rip de Böm, –
Dar fallt de witte Snee so sacht
Op all de doden Blöm.

So hett de Tid ehr egen Wis, –
Dat wesselt grün un mitt,
Dat kummt so lud, dat geiht so lis',
Un – – lisen gciht wi mit.

Komp.: 1st. v. C. Gurlitt.

In'n Winter

Hu! wa dat früst un sni't hendal
Un blinkert an de Böm,
De lüttjen Blom li't alltomal
Deep ünner'n Snee to drömn.

Un dachen is dat gar ni lang.
Als noch in all sin Freud
De smucke Summer buten prang.
Wo nu de Flocken weiht.

So kummt dat an, so geiht dat fort,
So gaht wi achterher,
Un dör' de smarte Karkhofport
Dar möt wi all hendör'! –

So is dat Leben blots en Drom,
En Drom vun Freud un Weh,
Un bald, – so slavt wi, als de Blom,
Dar buten ünner'n Snee!

Bi de Weeg

I.
He slöppt!

He slöppt! – nu kann ick wedder gahn;
Ach, ne! – he's gar to schön!
Ick mutt noch eerst en beten stahn
Un mutt em still ansehn.

Doch ganz sin Vader, op un dal!
Je öller, desto mehr!
Fürwahr, dat dünk mi allemal.
Als wenn't en Engel weer.

Leev Herrgott, wat du wullt, is recht,
Un mat du deist, is gut;
Doch neehmst du mi min Engel weg,
Du reetst mi't Hart mit 'rut!

Komp.: 1 st. v. C. Dibbern.

II.

He lacht! he lacht! – nu kiek mal an,
Wa is't en Rosenblom!
Nu gript sogar de lüttjen Hann,
Als seeg he wat in'n Drom.

Ja, ja! dat deit he allemal.
Ick weet ock wul Bescheed;
Denn kamt de lüttjen Engeln dal
Un singt cm wul en Leed.

Leev' Engeln all, un gah ick nu.
So hödt mi fram de Ste'
Un wahrt jüm lüttjen Broder tru;
Dat's allens, wat ick be'!

III.

Süh so! – nu will ick lisen gahn,
Nu noch en Kuß; – süh so!
Du lüttje Schelm! – en Modertran
Kreegst richtig noch op to.

Wa is mi doch vun Lust un Glück
Dat Zart so vull, so vull!
So vull, als wenn't in'n Ogenblick
All öwerlopen wull.

Dat is doch gar en egen Sak
Mank Engeln so allem.
Dar hebbt se em to lachen makt
Un bröchen mi – to ween'n!

Komp.: 1 st v. C. Reinecke

Weegenleed

Eiapopeia, polei!
Liggst als en Prinz in de Dei,
Kiekst ut de Ogen so hell un so stumm,
Buten geiht lisen de Sandmann herum,
Keem ock un frag all na di;
Eiapoleia, wiwi!

Eiapopeia, min Hart!
Nacht is so düster un smart;
Günd liggt de Karkhoff so still un so grot,
Wit dör' de Welt schickt uns' Herrgott den Dod;
Slap man, – he geiht wul verbi;
Eiapuleia, wiwi!

Eiapopeia, min Blom!
Slöppst all, – un lachst noch in'n Drom.
Lach man, – du kannst noch de Welt ni ucrstahn.
Kennst noch keen Sorgen, keen Kummer un Tran,
Lach man! büst glücklich un fri;
Eiapoleia, wiwi!

Eiapopeia, min Kind!
Hoch in de Bom drömt de Wind;
Baben dar blinkert so fründlich de Steern,
Still swevt de Engeln un singt dör' de Feern,
Swevt ock uns' lüttje Marie;
Eiapoleia, wiwi!

Eiapopeia, gudn Nacht!
Ween ick? – – wat Hess ick denn dacht? –
Weer't ni vor Kummer, so weer't wul vor Freud;
Ach, un en Moder de kennt dat ja beid!
Slap man, du slöppst ja bi mi;
Eiapoleia, wiwi!

*Komp.: 1 st. v. Cl. Serpenthien, 1. st. v. C. Dibbern,
1st. v. A. Fischer, 1st. v. C. Reinicke.*

Min Kind

Wat krüppst du dar all wedder 'rum
Un lachst mi to un langst na mi,
Du lüttje dicke Suckerplumm,
Ick bün ja veel to grot för di!

Hess ock keen Tid, – bün bi to schriebn
Un mak en Leed, – dat ward mi swar.
Denn mutt dat Görntüg vun een bliebn,
Sunst kriggt man dat eerst recht ni klar.

Wat hölp't? – du kummst mit beide Hann
Un fatst mi um un sichelst mal.
So kummt dar wul en Engel an
Un bringt een wat vun'n Himmel dal.

Un süh, wat ick noch eben söcht,
Un kunn't ni sinn, – dar heff ick't nu!
Un de dit lüttje Leed mi brächt.
De lüttje Engel, dat weerst du!

Wit öwer de Heid

Wit öwer de Heid,
Wo de Klockentorn steiht.
Wo de Windmöhl sick dreiht
+++++++++In de Feern,
Kunn ick't finn, kunn ick't finn
Dar dat Hus mank de Lin'n!
Müch dahin, müch dahin,
+++++++++O, wa geern!

Seet des Abnds op de Bank,
Wo de Rosenbüsch hangt
An de Fenstern henlank.
+++++++++Still alleen.
Rük de Linn denn so söt,
Hung de Dorntun in Blöt,
Sungn de Pögg denn ehr Leed
+++++++++O, ma schön!

Weer so glücklich als Jung,
Hess dar spelt, Hess dar sungn,
Hess dar lopen un sprungn
+++++++++Öwer't Feld;
Leeg in'n Grashoff to drömn,
Un de Wisch mit de Blöm,
Un dat Holt mit de Böm
+++++++++Weer min Welt.

Ach, wa anners dat ward,
Kamt de Sorgen so swart,
Deelt de Welt eerst dat Hart!
+++++++++Wo's dat Kind?
Hett den Vader ni mehr,
Bröch de Moder to Eer,
Wünsch sick sülbn wul, dat't wcer.
+++++++++Wo se sünd.

Dür' de düstere Feern
Nix to sehn, – nix to hörn, –
Un dar babn kamt de Steern,
+++++++++Kummt de Man';
Uu dat Dürp liggt un slöppt,
Un de Wachtel, de röppt,
Un ick weet ni,----mi löpp't.
+++++++++Als en Tran!

Komp.: 1 st. v. Cl. Serpenthien

Modergraff

Hier plöck mi jo keen Rosen af,
Un tred dor ni op hin;
Dit Graff, dat is en hellig Graff,
Min Moder slöppt darin.

Min Moder, de mi hött un dragn.
De mi dat Leben da'n,
Min Moder, de mi nährt un sagn
Mit Hartblot un mit Tran.

So gut weer doch keeneen, als du.
Mit all din Lew' un Leid!
Du brave Fru, – du gude Fru,
Slap still in Seligkeit!

Mit Tran begot ick disse Sted,
Hier heff ick braken legn.
Hier heff ick kneet, hier heff ick bedt,
Un lud na'n Himmel schregn.

Dit Graff, dat is en hellig Graff;
Mm Moder slöppt darin!
Hier plöck mi jo teen Rosen af
Un tred dar ni op hin!

Komp.: 1 st. v. C. Dibbern. 1 st, u. Friedr. Dörr, 4 st. v. E. Baldamus, 1 st.
2 st. u. f. gemischten Chor v. L. Jessel,

Ünner de Kok

Kumm, Olsche, kumm!
Wat kiekst so klok un stumm
Un fragst, wo is he bleben? –
He hett mit mi na Melken gahn,
He hett mi nix als Leeves da'n
Als Leeves da'n.
Weer all min Glück, min Leben.

Stah, Olsche, stah!
De böse Krieg weer da.
Dar muss de Leevste wannern; –
Dar hett he mi so hartlich küßt,
Dar sä he mi sin letzt' Adjüs,
Sin letzt' Adjüs,
Un tog mit alle annern.

Hopp, Olsche, hopp!
Na'n Norden gung dat rop.
Ach, wit herop na'n Norden!
In Friederiz uiul achter'n Wall,
Dar sammeln sick de Dänen all.
De Dänen all,
Un wulln de Dütschen morden.

Sacht, Olsche. sacht!
Röst keem de düstre Nacht,
Wo all dat Blot vergaten.
Dar weer des Morgns dat Gras so rot,
Un längs de Koppeln sleep de Dod,
Ja, sleep de Dod,
Dar funn em sin Kamraden.

Still. Olsche, still!
Ick weet ni, wat ick will
Nör luter Leid un Jammer!
Ün wenn ick sitt un melk de Küh,

Denn deit mi, ach, dat Hart so weh!
Dat Hart so weh!
Denn fallt de Tran in'n Ammer!

Komp.: 1 st. v. A. Fischer

Grotvader

Grotvader geiht de Port hindör';
Is just en Jahr genau.
Dar drogn se op de smarte Böhr
Grotmoder all to Rau.

He stolpert lis' den Stieg hendal.
Sin Schummerngang he hölt;
In'n Bom sleit hell de Nachtigal.
Sunft liggt als dot de Welt.

Dar bögt he um de Eck un steiht
Un blifft un geiht ni mehr, –
Un wo de Wind de Rosen weiht,
Dar süht he still to Eer.

Henimmt den Hot vun'n Kopp so kahl
Un sett sick ünner'n Bom,
Em lopt de Tran de Backen dal
Un blinkert op de Blom.

Un wat he denkt, un wat he bed?
Wo he am leevsten weer? –
Am leevsten weer em mul de Sted
Dar ünner't Gras bi ehr.

An'n Heben kamt de Steern herop,
Un ruhig slöppt de Eer, –
He fohlt de Hann, – em sackt de Kopp, –
Grotvader, –– is ni mehr!

Komp. 1 st. v. C. Reinecke.

De Wetfru

Wa heel se doch an't Leben
Wa düch ehr doch de Welt so schön;
Wa fröhlich weer ehr Streben,
Wa selig meer ehr Geben
Für em, ach ja, für em allem!

Wa kunn se't denn ock laten,
So glücklich als se damals weer!
Un heel he ehr umfaten
So swunn ehr Rum un Maten,
So düch ehr gar to lütt de Eer.

Un nu? – nu is he baben;
Se drogn mit em na'n Karkhoff hin.
Ehr best' vun alle Gaben,
Dar hebbt se't still begraben,
Dar grobn se ock ehr Hart mit in.

Ehr Wünschen un ehr Hapen
Un allens, allenö is darhen;
Un le'n se ehr man slapen,
Weer't mull am besten drapen.
Mit em gung all ehr Welt to Enn

Wes' man ni trurig

Wes' man ni trurig, swig man still;
Un kannst dar ock ni 'röwer sehn,
Allns, wat din leewe Herrgott will,
Dat mutt di doch to'n besten deen'n.

Wenn buten en Gewitter stahn,
Wa ward dat nöst so still un schön!
De lüttjen Blom, de lacht in Tran,
Un allens schient noch mal so grün.

So geiht dat ock en Menschenhart:
Toeerst in düster Nacht un Leid,
Tonösten, wenn't mal ruhig ward,
Vull luter Glück un Fred un Freud.

Drum ward di mal de Ogen natt,
So denk, als wenn di Regen fehl,
Un wem di satt, – un hest du't hatt,
Paß op! dat quickt di Hart un Seel.

Paß op! un menn't tonösten still.
Denn seggst du't sülbn: ach ja, wa schön!
Allns, wat min leewe Herrgott will,
Dat mutt mi doch to'n besten deen'n!

Komp.: 1 st. v. O. Voigt

Trost

Nich immer schient de Sünn un blaut de Heben,
Un vun Bestand is nix op düsse Eer, –
Allns wesselt af un ännert sick in'n Leben,
Dat meer ock nümmer gut, wenn't anners weer!
Ahn' Unglück gifft't kcen Glück, dazwischen stecht
Dat Schicksal, dat för beides sorgcn dcit.

Frag man herum, du finnst dat allerwegen:
Dar is en Krüz för jedereen bestellt; –
Doch den dat grötst' uns' Herrgott gifft to dregen.
De is't, vun den he jüst am meisten hölt!
Du awers nimm in acht di vör de Schuld,
Hol ut – un dreg den Leid man in Geduld!

Keen Nacht so swart, dar kummt doch mal en Morgen!
Keen Storm so wild, dat ward mal wedder still!
Lat du getrost den leewen Gott man sorgen.
Denn Segen is ja alles, wat he will!
Un weer ock noch so kummervull din Hart,
Dar kummt doch mal en Tid, wo't anners ward!

Un meenst du gar, din Gott harr di vergeten,
O, glöv dat ni! – He weet vun allns Bescheed! –
He gifft de lüttjen Vagein all ehr Eten,
Un gifft de lüttjen Blomen all ehr Kleed!
He sorgt för dat Geringste op de Eer,
Un di schull he vergeten? – Nümmermehr!

Komp.: 1st. v. Em. Baldamus.

O, wo du kannst, dar drög de Tran!

O, wo du kannst, dar drög de Tran!
Du deist en Wark um Gotteslohn!
Un heft du Menschen Gudes da'n,
Se ward di't wul mal wedder do'n.

Wa mennig een geiht in sin Leid
Verlaten un alleen to Grunn,
Un harr doch mit en Kleenigkeit
Vellich sin Leben wedder wunn!

En gudes Wark, en warmes Hart
Is mehr als Gold un Edelsteen:
Un wenn ock gar keen Dank di ward,
Dat lohnt sick in sick sülbn alleen.

Op, hölp din Broder, eh't to lat,
Un wes' mit Trost un Rat bereit.
Un denk daran, dat op de Strat
So mennig Brave betteln geiht.

Un drückst du ein ni deeper dal,
Un lettst du em in kolt alleen,
Paß op, dat dünkt di alle mal
Tonöst, als weer't en Engel we'n.

Als harr he di den Freden bröcht
Un harr di segnt för't ganze Lebn
Un harr't an alle Menschen seggt,
Wat du em mal to Leeude gebn!

Un büst du denn mal slapen gahn,
Se fat din Sark mit Wehmot an,
Se streut di Blom, – se weent di Tran
Un sät: dar slöppt en Ehrenmann!

Antwort

Du fragst mi, wat ick grüwel?
Man weg, man weg to'n Düwel
Mit all de Nücken un de Grilln!
De Regen klatsch de Ruten,
De Sturmwind sust dar buten, –
Kumm her, – wi wüllt de Glas mal fülln!

Un nösten schast du't meten,
Wat uns vunanner reten;
Wa is dat düster, – hu, mi grut!
Ick mutt mi cerst vermünnern;
So'n Win kann smö'n un linnern,
Man los! – hör to! – drink ut, drink ut!

Uns' Olen, de weern Nawers,
Un mahn tohopcn, – awers
Se – op'n Hoff, wi – in de Kat.
Se harrn de *een* man kregen, –
Wi awers, mi weern negen
Un arm, – un se harrn Öwermaat.

Wi seegn uns doch ni minner
Un speln tohop als Kinner
In'n Hoff un an'n Kastanjenbom;
Wi streken dör' de Koppeln,
Wi söchen längs de Stoppeln
Bald Vageinester un bald Blom.

Un Hand in Hand tohopen
Hebbt wi dat Holt dörlopen
Na Lilgn un Oschen hin un her.
Ick bröch ehr bunte Strüscher,
Ick plöck ehr Bickbeinbüscher,
Ick söch de Not un geev se ehr.

Se flog di als de Smulken,
Se smev di als de Wulken,
Ehr Ogn, de weern so düsterbrun!
Als Rosen weern de Backen,
So witt als Snee de Nacken,
Un de ehr seeg, – de kunn ni ruhn.

So wurrn wi grot, wi beiden,
In ehr leegn all min Freuden;
Wasück dat keem, – ick weet't ni mehr,
Se harr för mi ehr Leben,
Un ick min See! hingeben,
Un weer't an'n Düwel we'n, för ehr.

Dar wurrn dat annre Tiden,
Dar keem de Krieg vun'n Süden
Un rect mi mit, – ick wurr Soldat;
Wi harrn uns lang tofaten
Un kunn uns ni verlaten
Un stunn un ween'n dar op de Strat.

Un nu? – wat nösten wider? –
Man still! – mi bevt de Glider,
Denk ick daran, ick schüm in Wut.
Se muss en annern nehmen;
Se swunn darhin in Grämen, –
Un mit ehr Glück weer't ewig ut.

Hörst du dat Wedder grusen?
Hörst du den Sturmwind susen?
Dat is en Nacht, de paßt darbi!
Man weg mit Grilln un Nücken!
Un reet dat Hart in Stücken.
Kumm her! stöt an! un drink mit mi!

So'n Win de köhlt, – man rünner!
Op ehr, op ehr, man jümmer;
Vunabnd so gut, als mal vor Jahrn.
Se – leet all lang den annern;

Ick – mutt de Welt dörwannern;
Un – buten slöppt, wat ick verlarn.

Verlaten!

So hör denn, – wullt du't weten,
Wat mi in't Elend reten.
Doch tröst mi ni, dat's lang to lat!
Lat mi min Tran un Klagen,
Lat du din Rad'n un Fragen,
Dar nützt keen Hölp, – dar hölpt kecn Rat.

Kennst du de Tid, so fröhlich,
Kennst du de Stunn, so selig,
Wo eerste Leevd' di segen deit?
Un ut en Nacht vull Leiden
En Dag di bringt vull Freuden,
En Himmel vull vun Seligkeit?

Denn kannst du't ock wul faten,
Wa swar dat is to laten,
Wa weh dat deit, wa deep dat snitt,
Wenn ahne Trost un Hapen
Dat Schicksal, dat uns drapen,
De Leevde ut de Seel uns ritt.

Ach, een, – dat heff ick dragen,
De hett min Hartblot sagen,
De weer min Welt, min Lust un Qual!
Min Leben un min Lenken,
Min Dichten un min Denken,
Min Herrgott! – – weer mi allns tomal!

Dar muss ick wider wannern,
Dar neehm se sick en annern,
Un nu, min Glück, fahr hin! fahr hin!
Ist eerst de Leevd' begraben,
De best vun alle Gaben,
Se lett sick nümmer wedder finn!

Un nu adjüs, min Leben!
Ick heff di't allns vergeben,
So elend als ick bün un weer;
Is ock min Hart terreten,
Un bün ick lang vergeten,
Verget ick di doch nümmermehr!

Adjüs!

Adjüs! – dat weer en smucken Drom,
En smucken Drom för di un mi!
Welk sünd de Kränz un welk de Blom,
Nu is't verbi!

Un als de Kränz un Blom vergaht,
Vergeiht de Lust, vergeiht de Freud',
Un hest se noch so fast tofat,
Se swinnt di beid'!

Dat deiht de Tid! – se mutt der rinn',
Un ock dat Leewste nimmt se mit, –
Se geiht dar öwer allens hin
Mit lisen Schritt.

Wenn't ni so weer, bald weerst du satt
Ock vun de Freuden, de di blüht, ––
En egen Ding uns Menschenhatt
Un uns Gemöt!

En egen Ding, – un süh, dar steiht
En lüttje blaue Blom darin,
Se grönt un bloht, wenn allns vergeiht.
Doch jümmershin.

Un wullt du, dat ick di ehr wis',
Süh, wo din Lebensschipp ock drifft,
Erinnerung is en Paradies,
Dat ewig blifft.

Guden Rat

Menschenkind, wat is dat Leben?
Twischen Haß un Leevde smeben!
Hest du't all mal recht bedacht? –
Bald so lud, un bald so sachen,
Lust un Leid, un Ween'n un Lachen,
Morgen, – Middag, – Abend, – Nacht!

Weg mit Haß un Groll för jümmer!
Süh, ick wüß ni, wat dar slimmer,
Wat dar mehr gefährlich weer!
Wennig een hett Tran vergaten,
Als sin Fiend de Ogen slaten;
Wull em gut we'n, – kunn't ni mehr;

Hett dar een mal wat verbraten,
Heft du recht, em slech to maken?
Weest du, ob du beter büst?
Sünd ni mehr un sünd ni minner,
All den leewen Gott sin Kinner,
De dar sülbn de Leevde is!

Allns vergeben! – allns vergeten!
Wer kann't ahn'n, un wer kann't weten?!
Dod un Leben fat sick an;
Makt se eerst de Eer uns apen,
Li't wi ünner't Gras to slapen.
Drückt keen Mensch uns mehr de Zann!

Min Drom.

En lütt Deklamerstück för den lütten Fritz Reuter.

Gut mit antobringen in dat Stück »Ut de Franzosentid«,
wo he sin Gevadder, den olen Amtshauptmann Wewer, dat vörde-
klameern kann.

Noch bin ick man so'n lüttjen Bengel, –
De Welt so grot, un ick so kleen!
Doch jedes Kind, dat hett sin Engel,
Un Fritzing, de hett ock so een.

Un malins, als ick leeg to slapen
In'n Grashoff ünner'n Appelbom,
Dar slot he mi den Himmel apen
In'n sö wunnerschönen Drom.

Ick seeg en Paradies vun widen
Un'n Hus, als en Palast d'rin stahn.
De Engel sä: Magst du't wull liden?
Dar warrst du nöst noch mal in wahn'.

Un mit di een, de du warrst fliegen,
Lowising, en Pastorenkind, –
Un Glück un Freuden ward ju kriegen.
So veel, als man to kriegen sünd!

Vun alle Siden ward se kamen,
To ehr'n di un de Sprak, de din!
Un weltberühmt ward mal di Namen,
Als Schiller un als Göthe sin!

Din Bild kriggt Million' Dubletten,
Un riek warrst du an Gut un Geld!
Se ward di gar en Denkmal setten,
Geihst du tonöst mal ut de Welt!

Dat hett he seggt, – – doch harr't en Haken, –
Dar full en Appel ut'n Bom
Lik op min Näs', – dar wurr ick maken,
Un allns weer man en schönen Drom!

Noch bün ick man so'n lütten Bengel,
De Welt so grot – un ick so kleen! –
Doch leegen deit gewiß keen Engel,
Juch! Fritzing, – freu di! – dat ward schön!

Wihnachabend.

So still un sach, so still un sach,
Als wenn dar buten Predigt weer;
De Schummerntid verdrängt den Dag,
Un düster ward de Eer;

Un baben schient vun'n Himmelssaal
Veel dusend Lichter över't Feld,
Un Engeln swevt dar op un dal
Mit Gaben dör' de Welt.

Un weest du ni, wat dat bed üd,
Wenn so en Engel kummt un geiht?
Dat is de Tid, dat is de Tid
Vull luter Seligkeit!

Denn wo he keem, un wo he weer,
Dar steiht de Dannbom hell un grön,
Dar is keen Leid, keen Kummer mehr,
Un nix als Lust to sehn.

Nu's Tid! – süh dar, – nu kamt se an!
O, töv un freu di'n Ogenblick!
Se bedt, se fohlt de lütten Hann
Un lacht vor luter Glück.

Un denn en Larm, und denn en Lust,
Wo Vader oder Moder steiht; –
Veel dusend Dank! un Kuß um Kuß!
Dat't sülbn de Engeln freut!

Un sühst du wull de Öllern stahn,
So still un sachen? – süh, se meent,
De Lichter makt de Ogen tran'n,
Un mackt ni, dat se weent.

Denn ward so grot dat lütte Hart,
Un hin is all uns' Gram un Leid;
Denn föhlt wi, dat wi Kinner ward
Un uns als Kinner freut. –

Wat schient so hell? – de mitte Snee,
Dat blanke Is vull Winterblom;
O, denk daran! – de Not deit weh;
Du kreegst ja doch din Bom.

O, denk daran! – wa mennigeen
Geiht hungrig betteln op de Strat
Un kann de hellen Lichter sehn
Un alle Pracht un Staat.

Wa mennigeen weent in sin Not,
Wenn annre lacht in Hüll un Füll;
He kreeg keen Brot, he hett keen Brod
Un bewert lud vör Küll.

Kunn em denn dar keen Engel sinn?
O ja! –Dar hett wull ock een stahn;
Di bröch he man de Freuden 'rin,
Den annern bröch he Tran! –

O, denk daran! un do din Best';
Du kreegst so riklich; – stah em bi!
Bring't sülbn heröwer: »Fröhlich Fest!
Dat schickt uns' Herrgott di!«

Un wenn he denn so selig lacht,
Als wüß vun gar keen Leid sin Hart,
Un denn de Hann di drückt, – – gev acht,
Wa wunnerbar di ward!

Dat löppt di dör' de Boß so warm,
Müchst ween'n un lachen, – – seggst keen Wort,
Du müchst em holn in beide Arm
Un slikst di lisen fort. –

Un weest du ni, wat dat bed üdt?
Dat is de Freud an't gude Wark!
Un morgen, wenn de Klockcn lüdt,
Dann gah man still to Kark.

Wihnachen.

Dat leewe, leewe Wihnachtsfest!
Dar hebbt wi't nu op't allerbest!
Wenn ock dat Is an't Fenster blöht,
Wa vörjahrsmarm treckt't dör't Gemöt!
De Ogn so blank, dat Hart so vull,
Als wenn't darünner breken schull.

»Lobt Gott, ihr Christen«, – hest't all hört?
De Kinner hebbt't vun buten lehrt,
Nu singt se't all, un morrn noch mal
De Kanter vun de Orgel dal.
»Lobt Gott, ihr Christen«, – geiht ni schön
So um den Bom, so hell un grön?

Sing ock man mit un stimm mit an,
Un mit de Kinner fohl de Hann.
Warrst sülbn dartwischen wedder Kind
Un büst, als all de annern sünd.
De't ni de Freud, so de't dat Leid,
So'n Abend kamt se allebeid.

Süh, wa he blitzt un wa he brennt!
Nu sünd se in ehr Element!
Un wat en Lust, un wat en Larm
So'n leewen, leewen Kinnerswarm!
Holt stopp! Ju stöt den Bom noch um,
Ju springt dar gar to dull herum.

De mit en Popp, noch sülbn en Popp,
De mit en Perd in'n vull'n Galopp,
De mit en Sawel un'n Gewehr,
De mit cn Schuvkaar achterher,
All vulle Hann, all wat to dregn,
Sin Leevst hett ja en jeder kregn.

Wa is't en Lust, wat is't en Freud,
Wat is't en Pracht un'n Herrlichkeit,
So'n leewe Kinner un so'n Bom!
Wat steihst du denn, als stünnst in'n Drom?
Is't nich en Glück? – süh blots mal hin,
Wat warrst du denn so still to Sinn?

Ick weet all, – süh, du denkst wul sach:
Vör Jahrn, vör Jahrn an dissen Dag!
An dissen Abnd vör Jahrn, vör Jahrn!
Wa gau is't allns vöröwerfahrn!
Als wenn't en Drom vun güstern weer,
So flüggt de Tid, – so kort is't her.

De bunten Lichter brennt hindal,
De grüne Bom ward welk un kahl,
De Morgen kummt, – de Abend geiht,
De Rosen blöht, de Flocken weiht,
De witten Flocken, – ei, süh dar,
Du driggst se all in't brune Haar!

Du denkst wull ebn mal an de Not,
Still mank uns Menschen sliekt de Dod;
Wa weer't, wenn he vunnacht all keem
Un di vun Fru un Kinner neehm?
Herrgott, wat schull dar ut se warrn,
Wenn se ni mehr den Vader harrn?!

Un kunn't nich ock noch anners kamn?
Wa mennig Moder ward begrabn!
Wa mennig Kind dregt still un sacht
De Engeln ock dör' bisse Nacht!
Wat wullst du do'n, weer't Gottes Will?
Süh, darum wurrst du wul so still.

Un ebn, als di, ward mi to Sinn,
Dar drogn se all min Süster hin,
Dar drogn se ock min Vader 'rut,
He weer so leev, he weer so gut! –

Vergangen Jahr um disse Tid
Dar weer he noch so fröhlich mit.

So'n Ab'nd, wa deit so weh dat Lengn,
Ick kann't ni seggn! ick kann't ni seggn!
Seeg du den Fru un Kinner an
Un wes' vergnögt un freu di man!
Dar blöht din Glück so frisch un rot,
So denk ni mehr an Sorg un Not.

De Stunn, de fleegt, – bald is't to Enn,
Denn ward de Bom all düster brenn,
Denn gaht allebn de Lichter ut,
Un all de leewen Lüttjen ruht,
Denn singt de Wächter vor de Döhr:
»Allein Gott in der Höh' sei Ehr!«

»Allein Gott in der Höh sei Ehr!«
Veel Dusend singt dat morrn noch mehr.
Uns Christuskind, uns' Wihnachtsfreud,
Uns' Menschenglück un Menschenleid,
Wi harrn't ja ni, wenn he ni weer,
»Allein Gott in der Höh' sei Ehr!«

Niejahrs-Abend.

De Förten bradt, de Ries is gar,
Un rutschen will dat ole Jahr;
He, Lise! nehm de grot Tarin,
Kak Water, sla' den Zucker fin,
Nöst drap wi't wul, – to'n guden Wunsch
Hört allemal en gut Glas Punsch!

So'n Jahr is doch en lange Tid,
Wenn man't bi dagwis' mal besüht, –
Un bringt uns dit un bringt uns dat;
Doch eh' wi't markt, so hebbt wi't hatt;
So gaht wi all, wanehm't ock is,
Na'n Karkhoff hin, dat's eenmal wiß!

Wa gut is't doch, dat uns ni klar,
Wat vör uns liggt in't nie Jahr!
Ach, mennigeen, wenn he dat wußt,
Harr wul to'n Punsch vunabend keen Lust, –
Un mennigeen drunk in sin Freud
Gar öwer alle Schicklichkeit. –

Dar sünd all so genog, de do't
Vunabend dat nich ahn'n natten Fot,
Un geiht man morgen denn spatzeern
In'n Steertrock 'rum tu gratuleern,
So liggt noch mennigeen to Bett,
De'n Kattenjammer un Koppweh hett.

Dar kamt de Förten, – dat's man gut!
Lop, Lise, bring en Fattvull 'rut;
Dar rummelt wat, – ick hör't all lang,
De Rummelputt, de is togang,
Dat sünd de Kinner ut de Kat,
Ehr Moder hett wul sach keen bradt. –

Ach, Förten bra'n, dat geiht ni so! –
Hört Eier un Mehl un Bodder to,
Un dat's verdeuwelt düre Waar
Un ward noch dürer alle Jahr.
Segg an de Gör'n: nu schulln se gahn
Un hier ni mehr to rummeln stahn.

Nu kumm man her un lang man bi!
Man frisch in't Fatt! – schaneer di ni!
Sünd prächtig bradt, dat mag ick lidn!
So mit Koriten un Rosin'! –
Bums! – wat weer dat? – min schöne Döhr!
Dar ballern se en Pott davör!

Dat de' wul Namer Klas sin Klas,
De makt sickt alle Jahr den Spaß;
Ja, harr ick di, du Daugenix,
Denn kreegst du noch vunabend Wix!
So'n Sleef is allens eenerlei,
He smitt mi noch de Döhr mal twei.

Segg, Lise, – güttst vunabend ock Vli?
Wa steiht't denn mit de Friexi?
Dar kummt wul sacht en Schipper 'rut, –
Du büst ja den Mariner gut, –
En smucken Schipper, wenn du't gütts',
Mit gollen Bokstabn für de Mutz.

Wa warrst du rot, – wat hett't för Not!
Wer arbeidn mag, sinnt ock sin Brot;
Doch jo in't Hus kecn sule Bank,
Denn kamt ju wull dat Leben lank.
Nu lop! – ick löv, de Klock will sla'n, –
De Punschtarin mutt vör mi stahn!

Dar sleit se all! – mat wünsch ick denn?
Ja, dar's keen Anfang un keen Enn!
Gesundheit! Lise, – süh, ick meen,
Dat's Beste doch för jedereen!

Ob König oder Beddelmann,
Wi stöt op sin Gesundheit an!

Dat tweete Glas drink ick op een, –
Ick wull, he kunn mi drinken sehn!
He schull wul seggn: de meent dat gut!
Dat vulle Glas rein ut! rein ut!
Süh, Lise, süh! – nu do' ick't glik! –
Uns' Kaiser un dat dütsche Rik!

Dat drütte Glas op jeden Stand,
Wakeen't ock is! – ob mit de Hand, –
Ob mit'n Kopp he arbeidn deit, –
Ob he för uns op Posten steiht, –
Nähr-, Lehr- un Wehrstand, – ganz egal,
Wi lat se leben alltomal!

Dat veerte Glas vull op de Kunst;
Se steiht bi mi in hoge Gunst,
Dat kummt ock ni vun ungefähr, –
Wenn'ck sülbn so'n beten quinkeleer,
So als vunab'nd un sunst wul mal –
Mutt ock een op de Kunst hendal!

Dat föffde Glas op gude Tidn,
Keen Krieg, – ick mag den Krieg ni lidn!
En fruchtbar Jahr, dat lat uns bedn,
Un dat wi't hebbt in Ruh un Fredn!
En gude Saat; en schöne Aarn!
Un Gottessegen intofahrn!

Dat sößte Glas op alle Armn,
Veel Mitgeföhl un veel Erbarmn!
För alltohop dat leewe Brod,
Un nümmermehr en Hungersnot!
Verlaten keen, un keen verweiht!
Veel gude Frünn, wenn't nödig deit!

Dat söbnte Glas op all de dar'n,
De to en Paar sick möchen paarn,
Dat se sick krigt! – ei, süh mal an,
Wa kummst du gau mit't Glas heran;
Na, kumm; – an mi schall't jo ni liggn,
Op di un din Mariner; – kling!

Dat achte Glas op Lust un Freud,
Geselligkeit un Eenigkeit!
So recht vergnögt; – wa is't doch schön!
Kiek, Lise, kannst mi drinken sehn?
Du hest den tweeten noch nich ut,
Wat is mi dat? – he smeckt doch gut?!

Drink ut; un schenk mi ock mal vull!
Doch – wat ick man noch seggen wull, –
So'n hitten Punsch is ni to tru'n;
Du wackelst ja, büst doch ni dun?!
Potz Blitz! – stött di de tweet all um.
Denn weer he arig stark vun Rum!

Nu bün ick op min Justement;
Der Deuscher hal! so'n Punsch, de brennt!
Süh dar! – de Lamp! – wo lachst du na? –
Se wackelt! – griep! – sunst fallt se ja! –
Ach, leewe Lise, wes' so gut
Un hölp mi mal de Steweln ut.

Ick weet ni recht, – – ick wull, ick leeg – –
Hier wackelt alles, wat ick seeg; –
Dat is doch dösig mit so'n Punsch;
Wa weer't man noch? – de negnde Wunsch? –
Dat's recht; ick wull, ick leeg un sleep;
Ick nipp wul sacht en beten deep. –

Du lachst? – wat lachst du denn? – dat's sacht
De höchste Tid för mi; – gu'n Nacht! –
Morrnfröh denn mutt ick 'rumspazeern
Un mutt in'n Steertrock gratuleern.

Denn liggt wull mennigeen to Bett,
De'n Kattenjammer un Koppweh hett!

Ostern

Kreegst ock din Deel an Sorg un Leid,
Un swunn din Dag' in Trurigkeit,
Seeg ni so düster, ni so swart.
Dar kummt en Tid, wo't anners ward!

Un gung di ock dat Leevst' all fort,
Dat Leevst' all dör' de Karkhoffport,
O, ween man nich un drög de Tran,
Denn wedder kummt, mat slapen gahn!

Süh, buten is't keen Winter mehr.
De gollen Sünnschien weckt de Eer,
Un wat dar deep in'n Düstern slöppt,
Steiht wedder op, wenn't Vörjahr röppt.

De Vageln singt, – dat Holt ward grön.
De lüttjen Blom fangt an to blöh'n,
O, wat en Tid! De allerbest'!
Un't schönste Fest is't Osterfest!

Magst du ock glöben, wat du wullt, –
Din Sünn is grot, un swar din Schuld, –
Un wat büst du mit di alleen? –
Wa kreegst du ock vun't Graff den Steen?

O, freu di man, dat't Ostern ist!
Keen annern gifft't, als *Jesus Christ*!
Keen anner geev, wat he uns geev,
So'n Lebn! so'n Dod! so'n Lehr! so'n Leev!

Juch! morrn is Pingsten!

Juch! morrn is Pingsten, wat en Fest!
Wakeen hett denn de meisten Gäst?
De meisten? – na, wo weer't so schön
Um Pingsten, als bi Mutter Grön?!

Dar's Platz för all' in'n Öwerflot,
Für Riek un Arm, för Lütt un Grot,
Dar ward ni fragt na Rang un Namn,
Wakeen dar kummt, de is willkamn.

Ne, wat en Leben! – is't ni jüst.
Als harrn sick Eer un Heben küßt?
Dat hebbt se ock! – vun ungefähr
Kummt so en Wunner nümmermehr!

Un'n Wunner is't, als datomal,
Un flammt, als da, vun'n Heben dal!
Weer ni de Sünn ehr gollen Licht,
Wi harrn keen Pingsten, nümmer nich!

Ock mit de Sprak en Wunner ward't!
Süh, wo dat lüttje Menschenhart
Mal recht vergnögt, dar sprickt de Freud
En Sprak, de alle Welt versteiht.

Juch! morrn is Pingsten! – sprek se denn!
Wa gau, wa gau is alles hen! –
To Hus lat Sorgen; Gram un Möh'n
Un freu di mit bi Mutter Grön!

Pingsten in de Probsti

Ick schall di mal hinschriebn, wasück mi dat geiht?
Un ob ick hier we'n mag? – dat do' ick mit Freud.
In Kiel is de Hüll un de Füll vun Plaseer,
Un doch für so'n Burjung op de Gündsit noch mehr.

Se sünd mi to städtsch hier, to vornehm un fien,
Dat kann ick un mag ick nu eenmal ni lidn;
Obschons ick Student bün, so leng ick bischuern
Doch bannig – un wünsch mi na Hus mank de Burn.

Op de Gündsit – ei Deuscher! op Gündsit an'n Strand,
Dar mahnt de Probstier; – dat is di en Land!
So grön un so welig, so smuck un so schön,
Dat heff ick in de Pingstwek mi gehörig besehn.

Wat'n Segn op de Koppeln an Kleewer un Gras!
Dat Land is als Maschland, un de Weeten, de dar waßt
Hett Deg, dat't en Lust is, – dar schast du di wahrn!
Un in Blöt stunn de Rappsaat, un de Rogg schot all
Ahrn.

Un denn mank de Knicken, un denn op'n Wall
Waßt de Kaßbein un Eerdbein man so wild öwerall;
Un de Nachtigaln slat, un de Oschen, de blöht,
Als weerst du in'n Blomhoff, – lanks'n Weg för de Föt.

Is't nu to verwunnern, dat se Pingsten so fiert?
Un dat se in de Pingstwek dree heele Dag swiert?
Un dat se dat Vorjahr, an Freuden so rik,
So lustig begröt'n do't mit Danz un Musik?

Juchheissa! wat'n Leben! dar heff ick mi freut!
Heff sprungn op de Lohdehl na'n Brummbaß un Fleut,
Heff sungn mit de Burjungs un klönt mit de Oln,
Un allns, wat dar Mod weer, heff ick redlich mit holn.

Un man jümmers op plattdütsch so hartlich un tru,
Mit de Mannslüd, mit de Frunslüd, man jümmers op
Du!
Un wenn ick mal möd wurr, un keem mal de Slap,
Denn leeg ick in'n Kohstall bi de Kalwer un Schap.

Un nößen, denn gung dat frisch wedder darmank,
Vun een Hus na't anner, dat Burdörp henlank.
Dar achter dat Jungvolk, – de Spellüd vörop,
Un so man jümmers lustig op de Lohdehln herop.

Un wurr ick mal hungrig, so sä ick dat fri;
Brade Butt harrn se allerwegn un Förten darbi,
Stutenbodderbrod un Kaffee, – kreeg'ck 'n Geldbütel
'rut.
Denn drücken se de Hand mi un lachen mi wat ut.

So gung dat dree Dag dör', jümmers lustig un frisch.
In Schönbarg, in Krockau, in Barsbek un Wisch,
In Labö un Fiefbargen, in de Neegd un de Feern,
Un öwerall harrn se vun Harten mi geern.

Un Junge, – wat kreeg ick för Deerns dar to sehn!
Dat sünd di de smucksten in't ganze Holsteen;
So blid, als en Lachduv, – so bunt, als en Tulk,
So slank, als en Wichel un so stink, als en Swulk.

Se dreiht sick in'n Danz 'rum, als'n Küsel so gau,
Se lacht rein so fründlich, als de Rosen in'n Dau;
Un kiekst du in de Ogn ehr, – so büst du all tamm,
Se mak di so lis' un so fram, als en Lamm.

Ick wüß wul noch mehr, – un du hörst dat wul geern,
Un meenst: dat is dösig, sick lang to schaneem;
Doch nii mutt ick stillswign, – un schullst du ock
schelln.
Denn dat Fenstern, – dat lett sick man mündlich ver-
telln!

Vermischte Gedichte

Wilster, min leev Vaderstadt!

Wo ick bar'n un stunn min Weeg,
Allemal wa freut mi dat
Wenn ick di mal wedder seeg,
Wilster, min leev Vaderstadt,
Wa din roden Hüser lacht,
Liggst du dar in'n Sünnschienglanz,
Wenn de Masch in all ehr Pracht
Slingt um di den grünen Kranz!

Grote Hof mank hoge Böm,
Blanke Fenstern, gröne Döhrn!
Ock en Hoff vull bunte Blöm,
Un en grote Port na vör'n!
Lanks de Weddern Möhl an Möhl,
De in'n Wind sick lustig dreiht!
Un dar nerrn in'n bunt Gewöhl
All dat Veh op gröne Weid!

Goldgehl steiht de Rapps in Blöt,
Vohn un Kleewer vull vun Duft!
Un de Lurken singt ehr Leed,
Baben in de blaue Luft!
Un de Kiwitt un de Spreen
Weet ni, wo se leewer weern!
In de Masch, wil't dar so schön,
Geiht de Adbar ock spazeern!

Un de ole Wilsterau
Dörch ehr Paradies hindör,
Spegelblank un düsterblau
Kümmt se rünner na de Stör!
Hier un dar en smucken Kahn,
Rot de Wimpel hoch an'n Mast,

Glitt dar dör' den grönen Plan,
Oder hölt an't Öwer Rast!

Still! weer dat ni Klockenklang,
Wat mi summ deiht in de Ohrn?
Within dör' de Masch henlank
Kummt dat her vun'n Wilstertorn!
Is de Klock wul, de dar sleit,
Wenn dat Tid to'm Beden ward,
Un en Segenswunsch, de geiht
För min Wilster mi dör't Hart!

Komp.: 4 st. v. H. Wulf.

Na Amerika.

Bedenk di richtig, ehr du't deist,
Förwahr! dat is en harten Schritt;
Un dünk di't doch, – un wenn du geihst,
Ick bliv torügg, – ick gah ni mit.

De Welt is schön, de Welt is grot.
Uns' Herrgott allerwegn gewiß;
Doch smeckt dar nargns so söt dat Brod,
Als dar, wo unse Heimat is.

Un hest du't günd ock noch so gut
Un noch so riklich wedder funn,
Dat Heimweh blifft dar doch nich ut
Un hett ock dar sin stille Stunn.

Un wenn dat kummt, – stah Gott di bi!
Wat denn an di vöröwer geiht,
Is gräsig swar! Du lövst dat ni,
Wa hart dat drückt, ma weh dat deit!

Un twischen di un uns so feern
Wogt denn de wide, wille See;
Ach, kunnst du her – wa de'st du't geern!
Dat Lengen deit so weh, so weh!

Denn streckst du wul umsünst de Hand,
Denn lopt di wul de Tran hendal;
Ach, Vaderhus un Vaderland
Gifft't nümmermehr to'n tweeten mal!

An den Vullmackt sin Fru.

Herrje! Wa geihst du stramm verbi
Un kennst mi gar ni mehr?
Lop du man to, – wat kümmer't mi!
Dat bringt di doch keen Ehr;
Ick weet darum doch, wat ick weet,
Un segg dat apen hin,
Un wenn din Mann ock *Vullmacht* heet,
Un du Fru *Vullmachtin.*

Du weest wul doch, dat wi als Görn
Tohopen jümmers weern?
Dat ick en krallen Jung tovörn,
Un du en kralle Deern?
Un weest du noch, – dat Hus in'n Wall?
Un weest noch? ick un du,
Wi wahn'n darin un harrn uns all,
Als weern wi Mann un Fru.

Un weest du noch, als in de Schol
Persepter op de Bank
Di mal gehörig wackeln wull?
Dar smeet ick mi darmank
Un neehm för di de Prügels an;
Un weest du noch, wa veel?! –
De Jungs un Deerns, de seegn sick an
Un dachen wul ehr Deel.

Un weest du noch, als nösten wi
Tohop na'n Prester gingn?
Darüwer leet vun di un mi
En smuckes Leed sick singn!
Un weest du noch? de Nawers meen'n,
Dat weer doch Unrecht ebn,
Dat unse Oln dat still ansehn
Un leten uns betebn.

Un meest du noch to Jott un Beer,
Wer jümmers na di söch?
Un wenn to Enn de Hopphei weer,
Wer denn na Hus di bröch?
Un weest du noch? wa denn ni sul
De Wiwer röhrn de Snut
Un slepen uns herum in't Mul
Als Brüdigam un Brut?

Un weest du noch? ick wurr Soldat,
Dar muss ick fort in'n Krig,
Un weest du noch? dar op de Strat? –
Wa weenft du bitterlich!
Dat weer en Tid in Sus un Brus! –
Un als to Enn de Strit,
Un als ick wcdder keem to Hus,
Harrst du – – – den Vullmacht friet!

De Schäper op de Heiloh

Ick hö' de Schap – ick heet Johann,
Ick driv vergnögt min Rasselbann
Des Morgens froh, des Abends lat
Mit Fleut un Tuthorn längs de Strat.
Ick tut un fleut, – ick fleut un tut
To Dörpen 'rin, – to Dörpen 'rut;
Mi geiht de heele Welt nix an,
Ick hö' de Schap, – ick heet Johann,
Vün Schäper op de Heiloh.

Un wenn ick morgens kam un tut,
Denn lat de Deerns de Schap herut;
De Burvagt hett den grötsten Stall, –
Un Burvagts Trin, de kennt mi all;
Se- füllt mi heemlich gau de Flasch,
Se stickt mi'n Pannkok in de Tasch, –
Se lacht mi rein so fründlich an.
Als wull se seggn: ach, weer ick man
Fru Schäpersch op de Heiloh!

Un hett se't da'n, – ja, denn hallo!
Man lustig vorwärts, lustig to!
De Hahn, de kreiht, – de Spreen, de singt,
De Schap, de blarrt, – de Lammer springt,
Un Spitz, de jagt dar op un dal
De Reeg hinlank als General.
So driv ick tidig mit de Sünn
All in de schöne Welt herin.
Als Schäper op de Heiloh!

De schöne Welt? – ach, ja! – so schön!
So sünnschienhell, so blau un grön!
Un weer't ock man op Heilohfeld,
Se's dochen schön, de schöne Welt!
Kumm mit herut un freu di man
Un bed' den leewen Herrgott an!

He hett sin Pracht, he hett sin Flor
Ock buten öwer't brune Moor,
Bi'n Schäper op de Heiloh.

Dar grönt dat Moos so hell un krus.
Dar maßt de Krammbein op'n Klus,
Dar hangt de Dun so witt un fien,
Dar stecht de Brahm in Blöt to schien'n
Un blaue Lilgu, – un Nelkenblöm,
Un alle Blom, de ni to nönm!
Un dör' de rosenrode Heid
Dar gah ick denn un heff min Freud
Als Schäper op de Heiloh.

De Tüten fleut, de Lünken snackt,
De Iritsch singt, de Pögg, de quackt.
De Kukuk lacht un lett sick hörn,
De Adbar geiht in't Ret spazeern,
De Wachtel röppt, de Kiwitt larmt.
De Hummel brummt, de Imm, de swarmt,
Juch! – wat en Lust de Feern henlank!
Un ick so seelnvergnögt darmank
Als Schäper op de Heiloh.

Un kam ick abends denn na Hus,
Wenn öwer't Moor de Voß all brus,
So sinnt de Schap allem den Stall, –
Un jümmers lütter ward de Tall.
De Burvagt kriggt den letzten Rest, –
Bi'n Burvagt kummt dat Allerbest!
Dar lohnt't en Dütjen vun Kathrin,
Dar steiht dar an de Mür to frien
De Schäper op de Heiloh.

Uns' König hört dat ganze Land,
Sin Stand, dat is de höchste Stand;
He driggt en Kron vun Edelsteen,
Un wat he will, dat mutt geschehn;
Als weer he gar uns' Herrgott lik,

So prächtig un so grot un rik!
Wat för'n Verschäl, – nu bed' ick di!
Mit em als König, – un mit mi,
Als Schäper up de Heiloh!

Doch keem he gar un bo' mi't an
Un sä: Kumm, tusch mit mi, Johann!
Dar is de Kron vun Edelsteen,
Wes' König, – lat mi Schäper we'n, –
So sä ick ne! – ick sä't förwahr!
So'n gollen Kron is veel to swar;
Ick bün ja glücklich op min Feld,
Ick bün ja König in min Welt,
Als Schäper op de Heiloh.

Komp.: 1 st. v. Cl. Serpenthien.

Lüttj' Köksch.

Süh dar! lüttj' Köksch! dat is vun't Slag!
Der Deuscher hal, wa is't en Deern!
En Deern, dat di de Ogen lacht!
Neeg bi so gut, als in de Feern.
Wat scheert mi all de Fräuleins dar,
De finen Pöpp, de vörnehmn Kram;
So'n lüttje Köksch, de nimmt 't förwahr
Doch op mit alle Dam!

Se driggt di Tüffeln an de Föt,
Dat man sick spegeln kann darin;
Se driggt en Rock vun Egenreed,
En Platen vun dat wittste Linn!
Se driggt en Mütz vun Gold so blank,
Un mit en rode Sleuf daran,
Un denn en Spenser knepsch un slank,
Nu süh doch blots mal an!

Wa hett se Flechten in de Haar!
Wa hett se'n Mund, so kassbeinrot!
Wa hett se Ogn, so brun un klar!
Wa hett se'n Farv, als Melk un Blot!
Wa hett se Arms, so dick und drall!
Wa is se leevlich antosehn!
Wa is se plummig, krus un krall!
Un ach, – wa hett se Been!

Kunn'ck de mal küssen, – o, wa geern!
De mutt ja rein als Honnig we'n;
Dar kummt se just, – ick will't probeern,
Wat is darbi? – ick will ehr bedn.
Gudn Dag, lüttj Köksch! wat meenst, min Kind,
Wenn'ck di en blanken Daler bo',
Geevst du mi wul en Kuß geswind? –
Mi dünkt, dat gung, – man to!

Se kiekt mi an, – se steiht un lacht,
Als wull se seggn: du Döskopp, kumm!
Se deit't! – se deit't! dat harr'ck ni dacht;
Na, denn man los! – – ick fat ehr um;
Smatsch! – harr'ck 'n weg! – de brenn! o, o!
Wat meenst, en Kuß? – ick dumme Narr!
En Mulschell weer't! – un noch darto
Een, de sick wuschen harr!

Gündachter de Blompütt.

Günd, achter de Blompütt, schreeg öwer de Strat,
Persepter sin Döchder, – dat is di en Staat!
Persepter sin Lischen, sin Witjen und Trin,
Dree Deerns, als dree Rosen, – künnt all dree all fri'n.

Wa hebbt se för Haar, – rein so blank un so glatt!
Un Ogen, – de Swarte, als Aalbein so swatt.
De Gehle, – so blau als Vergißmeinnichtblom,
De Brune, – so brun, als Kastanjen vun'n Bom.

Se danzt un se springt un se hüppt, als en Reh,
Sünd rot, als en Ros', un so witt, als de Snee,
Se singt, als en Drossel, un lacht, als en Duv,
Un scheert sick den Deuwel um Hochtid un Huv.

Günd, achter de Blompütt, schreeg öwer de Strat,
Persepter sin Döchder, – dat is di en Staat!
Un schull ick een rutnehmn, un günn he mi een,
Ick sä: Herr Persepter, all dree – oder keen! –

Komp.: 1 st. v. C. Gurlitt. 4 st. v. H. Röhren. 1 st. v. Cl. Serpenthien.

Dar weer mal en Deern.

Aus dem plattdeutschen Theaterstück: Han mutt he hebb'n.

Dar weer mal en Deern,
En lüttje, lustige Deern! –
Un dar weer ock mal en Bursöhn,
Un de harr ehr wul geern!

Doch he dörf dat man ni wagen,
Ehr um dat Jawort to fragen, –
Denn man wat schüchtern vun Natur,
Is för gewöhnlich de Bur.

Un dar dach de lüttje Deern:
Wenn se all nu so weern,
Denn kreegst ja keen Mann,
Un dat geiht doch nich an!

Un als dar mal alleen
De beiden bemöten sick de'n,
Un de Tid he ehr bo',
Dar dach se: Nu man to!

Un dar stött se em an
Un reep lisen: Johann!
Wat steihst dar noch?! – nu kumm!
Un fat mi doch mal um!

Un dar wurr he ganz rot
Un ganz dösig to Mot!
Un dar leeg se ock all warm
An sin Hart un in sin Arm!

Un dar kreeg he ehr all bi'n Kopp
Un dar drück he ehr all een op!
Un noch een, – un noch een, –
Dat'n Lust weer, antosehn!

Un so is dat nu so kam',
Dat de beiden sick hebbt nahm',
So als Brüdigam un Brut, –
Un nu is't ut!

Komp.: 1 st. v. L. Jessel.

Herr Paster sin Liese.

Herr Paster sin Lise, – ach, Jung, wat en Deern!
Twee Ogen, – ick segg di, so hell als de Steern,
So blau, als de Heben, un deep, als en Sot,
Un de dar man 'rinkiekt, hett seker sin Not.

O, o wat en Kopp! als en Engel so schön!
Keen Blom kann dar smucker un leevlicher blöhn!
Un Lucken darum, als Kastanjen so brun,
Un krus, als en Hoppenrank buten in'n Tun!

Herr Paster sin Lise – ach, Jung, wat en Deern!
Ick wull man, du seegst ehr, – du schullst di verfeern!
Ick wull man, du hörst ehr, – dat schull di mal smö'n,
Keen Nachtigal singt dar so lisen un schön!

Un kummt in de Kark se des Sünndags herin,
Wer kiekt ni bischurns öwer't Psalmbok mal hin?!
Un predigt tonösten vun'n Himmel de Ol,
Wer denkt ni bischurns an den Engel in'n Stohl?!

Herr Paster sin Lise, – ach, Jung, wat en Deern!
Un weerst du en Deuwel, se kunn di bekehrn!
Un meent ock de Lüd all, du geihst wul to Grund,
Herr Paster sin Lise, de makt di gesund!

Se swevt, als en Wulk, un se flüggt, als en Reh!
Is rot, als en Ros', un so witt, als de Snee!
Keen Bild is dar smucker, un smucker keen Brut!
Keen Kind is dar beter, so fram un so gut!

Min Vader un Moder sitt beid op Verlehn,
Un ick schall en Fru nehmn – un meet ni, wakeen? –
Herr Paster sin Lise, – ach, Jung, wat en Deern!
Un wull se man, – de' ick't, wa geern! o, wa geern!

Schreeg öwer.

Schreeg öwer, wo de Piepen staht
In't Fenster vör de Ruten,
Dar wahnt de Dreier in de Strat
Mit frie Sicht na buten.

Twee Fenstern sünd man in de Stuv,
Vull Piepen hangt dat eene,
Dat anner is en Rosenluv,
De hört den Drei'r sin Lene.

Den Drei'r sin Lene is en Kind,
En Kind, – als weer't en Engel!
Un teinmal smucker noch, als günd
De Rosen op'n Stengel!

Dar seeg ick ehr so mennig Stund
Sick öwer'n Blomputt bücken
Un an ehr'n roden Rosenmund
De roden Rosen drücken.

Un weer ick ni so'n olen Dutt,
Un weer ick ni Jan Meyer,
Ick wull, – ick seet in'n Rosenputt
Schreeg öwer bi den Dreier.

Komp.: 1 st. v. Cl. Serpenthien. 1 st. v. F. v. Wickede.

Tonöst.

Tonöst, wenn se gravt hett'
Tonöst seit se Lien,
Tonöst kummt dat Unkrut,
Tonöst mutt se jüdn.

Tonöst mal begeeten,
Tonöst ward't all grön,
Tonöst kamt de Knuppens,
Tonöst will't all blöhn.

Tonöst is't all rip wurdn,
Tonöst mutt se't tehn,
Tonöst mutt se't hocken,
Tonöst mutt se't bred'n.

Tonöst mutt se't braken,
Tonöst mutt se't swingn,
Tonöst mutt se't hekeln
Un knütten un flingn.

Tonöst mutt se't wickeln,
Tonöst mutt se't spinn,
Tonöst mutt se't weben,
Tonöst – denn is't Linn,

Tonöst mutt se't büken,
Tonöst driggt se't rut,
Tonöst mutt se't bleeken,
Tonöst denn is't – gut!

Tonöst kummt in'n Koffer;
Tonöst kummt dat Vest',
Tonöst kummt de Frier,
Tonöst –– kummt de Köst!

Min Buerdeern

Heff ick min Buerdeern,
Hört mi de Welt!
Günn di de annern geern,
Nikdom un Geld!

Weest du, wafück se is?
Will di't bedü'n;
Wenn du keen Esel büst,
Magst du ehr li'n!

Rot, als en Rosenblom,
Witter, als Snee,
Slank, als en Quitschenbom,
Flink, als en Reh!

Singt, als en Nachtigal,
Lacht, als en Duv! –
Haar um de Nack hendal,
Vull, als en Druv!

Seelengut, kinnerfram,
Ogen, so smart!
Un, als en Engel babn,
Heben in't Hart!

Backen, als Melk un Blot,
Sund, als en Fisch!
Jümmers vergnügten Mot,
Fröhlich un frisch!

Na, – un wat kiekst mi an?
Magst ehr wul li'n?
Segg mal, – un de' se't man,
Möchst ehr wul frien?

Günn di de annern geern,
Rikdom un Geld!
Heff ick min Buerdeern,
Hürt mi de Welt!

Komp.: 1 st. v. C. Gurlitt. 1 st. v. L. Jessel.

Muschekatt

Muschekatt grau.
Miau! miau!
Wa se all wedder snurrt,
Wa se all wedder gnurrt.
Musche, lütt' Muschekatt,
Richtig, als spunn en Rad.
Muschekatt grau.
Miau! miau!
Wa se sick flicken deit,
Wa se to putzen steiht,
Musche, lütt' Muschekatt,
Ne doch, wa blank un glatt!

Muschekatt grau.
Miau! miau!
Schullst du so'n Ahnung hebb'n?
Putzen bedüd ja Fremm! –
Musche, lütt' Muschekatt,
Segg mi mal, swant di wat?

Muschekatt grau.
Miau! miau!
Keem he, – ick bün alleen, –
Ei doch, dat weer ja schön!
Musche, lütt' Muschekatt,
Richtig! dar hör ick wat!

Muschekatt grau,
Miau! miau!
Süh mal, wat buten geiht!?
Ach, wa dat Hart mi sleit!
Muschekatt, Muschekatt.
Ja, – min Johann is dat!

Lüttj' Mantje

Lüttj' Mantje, lüttj' Mantje, wa büst du in'n Togg!
Wa nickst du, wa pickst du de Körns ut'n Trogg!
Wa ruft du, wa brüst du, un jappst, als en Lünk!
Wa reckst di un streckst di de Been un de Flünk!

Lüttj' Mantje, lüttj' Mantje, wa makst du di natt!
Wa glittst du, wa sprüttst du dat Water ut't Fatt!
Un rüttelst un schüttelst, vertäst als en Klun,
Un pulst di den Bossen un strigelst de Dun!

Lüttj' Mantje, lüttj' Mantje, wa flink op de Been,
Un grabbelst un krabbelst un makst di so schön!
Un tüggst di dör'n Snawel de Feddern henlank,
Lüttj' Mantje, lüttj' Mantje, wa warrft du so blank!

Lüttj' Mantje, lüttj' Mantje, wa büst du so gehl,
Wa hüppst du, ma wüppst du, wa geiht di de Kehl!
Lüttj' Mantje, lüttj' Mantje, wa steiht di de Pull!
Wa singst du, ma springst du so lustig un dull!

Lüttj' Mantje, lüttj' Mantje, wa heff ick di leev!
Du stehlst mi dat Hart noch, lüttj' Mantje, du Deef!
Lüttj' Mantje, lüttj' Mantie, wa bün ick di gut!
Ick wert all, – dat mak ja, du keemst vun de Brut!

Lüttj' Mantje, lüttj' Mantje, wa singst du för'n Leed?
Dat smöt mi, – iö weet ni, so munnerbar söt!
Dat klingt mi, dat dringt mi den Bossen hendör'!
Lüttj' Mantje, lüttj' Mantje,– dat heft du vun ehr!

Lüttj' Mantje, lüttj' Mantje, – un blifft se mi tru,
Juchheidi! denn freu di! – denn bring ick di 'n Fru!
Lüttj' Mantje, lüttj' Mantje, denn kummt eerst dat best':
Denn fri'st du din Seken, – denn geev ick min Köst!

Achtern Tappenstrich

(In fröhern Tiden)

Bumm, bumm! – hör dar! – un noch mal bumm!
Dat meer de grote Trummel;
Wullt mit? – hak in! – süh so, – nu kumm!
Wi kennt ja all den Rummel.
Herrje! de ganze Strat is vull,
Gott Lof, dat wi uns dropen!
Nu hol di man, güng't noch so dull,
Wi beid'n blivt doch tohopen!

Wa geiht dat nett! – dat is en Freud,
In'n Tack so to mascheeren!
wa blast se di Klanett un Fleut,
Un künnt de Fingers röhren!
Un denn de smucke Hornmusik
Ut all de mischen Tuten! –
Der Deuscher hal! ick müch wul glik
Hier danzen mit di buten.

Ne, wat en Menschen! – ni to telln! –
Un jümmers mehr, je wider;
Ol' Wiwer, Kökschen, Putzmamselln,
Studenten, Murlüd, Snider,
Jungs mit en Brösel in de Hann,
Un Buttjes mit en Fixen,
Un denn en ganze Rasselbann
Vun luter blaue Büxen.

Wat seggst darto? – dat weer en Stück,
Dat hüppt een dör' de Glieder!
Nu pust se eerst en Ogenblick,
Nöst spelt se wedder wider, –
Dar kreeg'ck en Gnupps! – förwahr, de gung
Vun' Kopp bit an de Hacken!
Ei, du verdammte Schipperjung!
Töv, wullt du di mal packen!

Hallo! dar achter sett dat Larm,
Süh, wat en Menschenklumpen!
Un denn en ganzen Schosterswarm, –
Keen Schoster lett sick lumpen;
De Murlüd in de witte Büx
Wurrn grov un jümmers gröver, –
O weh! de Schosters kreegn de Wix,
Un darmit is't vöröwer.

Süh so, – dat Spel'n fangt wedder an;
Nu holt se op to lopen;
Hier wahnt gewiß en groten Mann, –
Still staht se alltohopen;
Herrje! wa sünd de Fenstern hell!
Rop kiekt de ganze Hupen;
Süh dar! – Madam un ock Mamsell,
De lat sick mal beglupen!

Ei Gretjen, kick! – bi'n Lüchterpahl
Gaht twee tohop spazeeren;
Nu staht se still un küßt sick mal,–
De schulln sick doch schaneeren!
Se spelt wull noch dat drütte Stück,
Wat staht wi hier to freeren,
Mi dünkt, wi kunn en Ogenblick
Wul ock de Föt mal röhren,

Ne, nix to do'n! – wat schull ick dar
Mit di alleen in'n Düstern?!
Is beter hier, – un keen Gefahr
Vunwegen dat Verbistern.
Un de dar günnert lurt herum.
Tat sünd mi schöne Planten;
Dat Stück is ut, – se gaht, – nu kumm!
Stuv achter de Muskanten,

Juchhopsasa! wa spelt se schön!
Wa künnt de Kerls tuten!
Wa smit wi all in'n Tack de Been!

Als weern mi all Rekruten.
Juchhei! wa lustig un wa dull!
Lik ut un um de Ecken!
Un Döhrn un Fenstern staht dar vull
Un seht verbi uns trecken.

O weh! – dar sünd wi bi de Wacht,
Un ut is Spel'n un Tuten;
Du, – Fridagabend, Klock um acht
Denn stah ick wedder buten; – –
Bumm, bumm! – – dat leet ja, als en Schuß!
Dat weer de grote Trummel;
Nu's ut! – lat los! – ne töv! – en Kuß! –
Gudn Nacht, gudn Nacht, min Pummel!

Min Piep.

Ach, Junge, wenn min Brösel brennt.
Als brenn' de Stratenlampen,
Denn bün ick op min Justement
Un lat den Schoßsteen dampen:
Un wenn he dampt, – dat smeckt so söt!
Du lövst nich, wa't den Bossen smö't.
Als weern de blauen Ringeln
Di nix als Suckerkringeln.

Ick weer man noch en lüttjes Gör,
Dar muß ick't all versöken.
Denn seet ick abends vor de Döhr
To paffen un to smöken;
Min Piepen snee' ick achtern Stall,
Dar leet uns' Herrgott op'n Wall
Se an de Nötbüsch wassen
Mit Swammdos' un mit Quassen.

Tonösten wurr ick awers klok
Un lehr dat Dings begriepen:
Dat geev ja all min Dag keen Rok!
Wat holp mi so'n Slag Piepen?
Uns' Nawer harr en Kohharrjung,
Mit den ick geern mal spel un sprung.
De Jung verstunn sin Saken,
De kunn ock Piepen maken.

En Ellhornkopp, un nerrn en Propp, –
En Dackstöhl – oder 'n Fedder. –
Klar weer de Kees! Un Kaff un Dopp,
Dat hal he sick vun'n Möller;
Vun Obbe stohl ick Swamm bidess,
Un Für flog'n wi mit't Taschenmess,
So smöken wi als Snösel
Allbeid all unsern Brösel.

En jeder hett sin egen Mög',
Wer hör ni to de Krüschen?!
De een, de hett an'n Schrot sin Hög',
De anner hett't an'n Prüschen;
Doch dat is ni vun min Kulör,
So'n Törfmull in de Näs' dar vör,
Un'n Prüntjer bi de Kusen
Dat kann ick ni verknusen.

Ick heff min Freud an'n Piep Taback –
Wat kann't ock Schön'res geben?!
Wa is't en Würz to'n Mundvoll Snack
Un quickt een Seel un Leben!
Brenn du di man den Stummel an!
Ick do' dat ock! – un heff ick man
Min Piep un Tabacksbüdel,
Denn bün ick ock kandidel.

Allns, wat ick do, allns, wat ick driv,
Min Piep mutt't mit verrichten,
Un wenn ick sitt un Leeder schriev,
Min Piep, de hölpt mi dichten,
Un smeckt mi eerst min Piep ni mehr,
Denn bringt se mi wul bald to Eer,
Denn's ut in'n Dom, – dat's seker,
Trotz Dokter un Aptheker!

Min Olsch.

Min Olsch is doch en Deuwelswiv!
Noch als en Perd, so wählig;
Se hölt sick stramm, se hölt sick stiv,
Un jümmers pük un fröhlich!
Och, Jung, un smitt se sick in Wix
Un pußt di ut de Kappen,
Du schullst ehr denn mal sehn, putz Blix,
Noch jümmers to'n Versnappen!

Un mat se kann – hör blots mal an,
Dat weet dat ganze Kaspel!
Se brakt un swingt, – se spelt di man
Mit Spinnrad un mit Haspel. –
Se wevt un knütt un stoppt un neiht,
Se backt un steiht to kaken,
Se melkt un karrnt, – un se versteiht
En Mannsbüx gar to maken!

Als ick ehr kreeg, ick harr min Not,
Ick weer ehr meist to flödig,
Se weer mi'n beten gar to grot
Un gar to öwermödig.
De Lüd, de sä'n ock forts: Johann,
O weh, de ward di rüffeln!
Paß op, se tüggt de Büxen an
Un sett di in de Tüffeln!

Ja, ja! de Lüd, de wussen't wul;
Ick kreeg min Deel to sappeln,
Un stunn ehr mal ni recht de Pull,
Denn harr ick nog to krappeln.
Hu, Deuscher! swull ehr denn de Prück,
Denn nöm se mi en Esel, –
Denn schimp se mi en Galgenstrick,
En Schinner un en Snösel!

Na, spelt se denn ock mal katholsch,
Dat hett nix to bedüden!
Se's likers doch min beste Olsch
Un blifft't för alle Tiden!
Un mutt ick ock mal mit pattu
Mi vör ehr bögn un kuschen,
So weet ick doch, ick heff en Fru,
De hett sick kämmt un wuschen!

Un nöm s' mi ock mal Galgenstrick,
Se lett mi doch ni lopen; –
Ick un min Olsch, – min Olsch un ick,
Wi beidn blivt doch tohopen!
Un makt se nöst, wenn't mal verbi,
Dat letzte Bett uns apen,
Ick bi min Olsch, – min Olsch bi mi.
So wüllt wi selig slapen!

Hans-Narr.

Dar geiht he hen, – de Strat hendal;
Ick kenn em noch als Jung,
Wo mank de Flicken mennigmal
Dat Hemd herut em hung.
Wa hett de Bengel sick in Wix
Vundag all wedder smeten!
Un »Lebensart! Hemd ut de Büx!«
Dat hett he lang vergeten.

Smeerleddern Steweln! – ei, bewahr!
De kennt he gar ni mehr;
Wixleddern sünd sogar to swar.
Lackeerte möt dar her;
Un smit se Fohln, – der Deuscher hal!
He kann de Schosters rüffeln!
Un slarr doch fröher wennigmal
Barfot in hölten Tüffeln.

Wa kunterbunt, wa sünnschienhell
De Büx, – wa stramm un schön!
Dat lett ja, als en Slangenfell
Um Swewelstickenbeen;
Un denn de Strippen nerrn an'n Rand!
Ja, wenn de Strippen reeten.
Denn gung de Büx bit't Strümpenband
Un würr en »Kneebüx« heeten.

De Steertrock redig himmelblau,
Un Knöp vun't gollen Slag;
Un denn Manschetten an de Mau,
En halben Fot för'n Dag;
Un achter ut den Steert herut
Wul öwer'n Ehl de Slippen
Vun't Taschendok, he kunn se gut
In't Rünnsteenwater stippen.

Sin lange Snurrbart gneterswart
Un ganz in'n Slängel dreiht;
Sin Haar vun Ölig blank un glatt,
Dat krüdrig rüken deit;
Vull bunte Blom de siden West,
Un Vadermörderspitzen,
Noch scharper, als en Slachtermess,
Se kunn'n de Näs' em ritzen!

Un denn de Hannschen – hunnblomgehl;
Un denn de Quast an'n Stock;
Un denn de Ked', – dar feilt ni veel.
So wiest he ok de Klock!
Un denn dat Glas an'n siden Band,
Dat he di brukt to kieken;
De Kerl, de hört in'n Adelsstand
Un söcht noch dar sin's Liken,

Nu süh, nu süh, wa he sick dreiht,
Un wackelt mit'n Steert!
Un dochen, als he geiht un steiht
För mi – keen Penning wert!
Ne, mat en Papagei, Herrje!
Vun Koppen bit to Föten;
Dar bögt he in de Lindnallee,
Nu möt wi uns bemöten.

Wat de wul is? – dat wüss ick geern;
Man sacht! – hier achter'n Bom
Verstek ick mi un will't probeern
Un frag em dör' de Blom.
Meck, meck! – meck, meck! – he kiekt sick um;
Meck, meck! – nu hüppt he wider; –
Wat gelt de Wett?! – tein Daler! – kumm!
De Bengel is – – en Snider.

Snider

Nu kiek mi mal den Snider an,
Wa so'n Hans-Quast sick maken kann!
Hüpp, hüpp! – wipp, wipp! – flink, als en Rick,
So putzig springt dar sülbn keen Zick;
Wa krus un krall, wa pük un keck!
Nu kiek mi mal den Meister Meck!

Manschetten, Halsbinn, Dok un Rock
Un Hannschen, Uhrked', Hot un Stock,
Un Steweln, Linntüg, West un Büx
Is allns in'n allerbesten Wix;
Vun ünnern rop bit babn na'n Hot
De ganze Kerl na de Mod.

Dar günnert bi den Sickretär,
Dar fitt de Döchder vor de Döhr:
Fui Deuwel! – dat is ewig schad!
Dar brüggt se just en nie Strat;
Gesperrt!! – – keen Snider sperrt man ni!
En Snider hüppt bi allns verbi!

He mutt dar hen, se möt em sehn;
De bunte Büx, de smucken Been,
De krusen Haar, den glatten Rock,
De Uhrked' un den blanken Stock;
He dreiht den Steert, he smitt de Been,
He mutt dar hen! – se möt em sehn!

Wat scheert en Snider ock de Strat?
En Snider denkt man an sin Staat;
Un is dar 'n Deern, – un süht he't man,
So spelt de Snider Don Schuan;
Un denn? – na denn is nix to dull,
Wat nich en Snider wagen schull!

Süh, süh! – nu dreiht he jüst henlank.
De Deerns, de kichert op de Bank; –
He krellt den Bart, he schult um Eck
Un hüppt dar längs, – meck, meck! – meck, meck! –
Süh dar! nu is he lik darvör,
Jüst vor den Sickretär sin Döhr!

Ei, dat dar ock de Strat so slech!
Dar liggt en Steen jüst lik in'n Weg;
He snöckert; – – dat de Denwel di!
He fallt! – – perdautz! – nu is't verbi!
Dar liggt he! – – de verdammte Steen!
Knack! – sä de Büx – un reet vuneen!

Strickers

Wat kummt denn dar mi in de Möt?
En Dicken un en Dünnen, –
Mit tweie Stewein an de Föt,
Un Rock un Büx in Plünnen.

Se denkt wul beid: wi hebbt keen Hast, –
Un bummelt macklig wider;
De een de is en Schosterknast,
De anner is en Snider.

Dat seeg ick forts den Dünnen an,
Un seeg dat an den Dicken, –
Den Dicken an sin Pickdraht-Hann,
Den Dünn' an all sin Flicken.

Twee gude Frünn, – so sozial,
So recht twee vun de echten!
Se smeeten beid' de Arbeid dal,
Nu lopt se 'rum, to fechten.

Dat nömt se *stricken*, – ock ni dumm
För so en Art to wannern!
Se strikt ja nu in't Land herum
Vun een Enn bit na'n annern.

Se strickt un stritt un blivt darbi
Un lat sick ni besnacken,
Un lopt bi all ehr Stricken
Mit Löcker op de Hacken.

En Lüttjen un'n Glas Beer.

Ja, twee un dree, – dat lat ick gahn,
Un veer kann ock wul noch bestahn,
Doch jo ni mehr, als veer!
Du lövst dat ni, wa gau dat geiht,
Dat di en fixen Wischer dreiht
En Lüttjen un'n Glas Beer.

Ick kenn so een, den kannst du sehn
Vun morrns bit abnds in'n Krog alleen,
Dar hett he sin Plaseer,
Dar fulenzt he den ganzen Dag,
Un jümmers geiht dat Slag für Slag:
»En Lüttjen un'n Glas Beer!«

Wa is de Näs' em kopperrot!
Wa lunkig un vull Bul'n de Hot!
Wa wackelt he verdweer!
Sin Tüg, – de Palten hangt daran,
Dat scheert em all nix, hett he man
En Lüttjen un'n Glas Beer.

He hett all mennig leewes mal,
Smeet em tuletzt de Köm hendal,
Herumkleit op de Eer.
So kummt vör'n Hund de beste Mann,
Wat doch nich allens maken kann
En Lüttjen un'n Glas Beer!

To Hus, dar spelt he kasperat,
Smitt Pütt un Schötteln op de Strat
Un geiht darbi tokehr,
Als boller en Gewitter los,
Un dochen deit dat allns man blots
En Lüttjen un'n Glas Beer.

An't Prügeln is he all gewohnt,
Un geiht dat ock mal scheev un lohnt
Bischuerns düchtig Smeer,
Sin tweien Füst, sin dicke Snut,
De makt em nösten wedder gut
En Lüttjen un'n Glas Beer.

Bi den is alle Mögd' verlarn,
Sin Schaden un sin Fell vull Aarn
Gevt dochen em keen Lehr;
Wa dull he't makt, wa dull he't drifft,
Sin eenzig Wahlspruch is un blifft:
En Lüttjen un'n Glas Beer!

Dar liggt he nu un slöppt in'n Tun,
Wa is he wedder dick un dun!
De drinkt vundag keen mehr.
Mal still! – he snackt, – wat sähe dar?
Dat ole Swien! – he brumm förwahr:
»En Lüttjen, – un'n – Glas Beer!«

Kattenjammer.

Br! br! – wa bün ick jämmerlich!
Wa dösig un wa dämmerlich!
Wa deit de Kopp mi weh!
Weer güstern ni de Kinnerbeer? – –
Bi all min Ehr! ick weet't ni mehr,
Wadennig un wasück dat weer.
+++++++++++++O, Je!

Dat's recht! – ick mutt mi man besinn,
De Frunslüd snacken mi mit 'rin, –
Ick Esel, dat ick't de'!
Veel leewer in en Sack vull Dun,
Veel leewer mank de Imm in'n Tun,
Als mank en Swarm vun so veel Frun!
+++++++++++++O, Je!

Se harrn man so ehrn Spaß mit mi
Un soven ut Plaseer darbi
Den Köm, als weer dat Tee!
Se kemn ock jümmers na mi 'ran
Un statten jümmers mit mi an
Un schreegn: drink ut, drink ut, Johann!
+++++++++++++O, Je!

O, Je! wa kreeg ick dar en Brand!
Ick sack in'n Dutten an de Wand
Un knickel in de Knee.
Nöst heff ick stöhnt un prußt un speg'n –
Un als en Swien in'n Misten leg'n, –
Un matt för'n Kater heff ick kreeg'n!
+++++++++++++O, Je!

Ick mag ni lebn un kann ni starbn!
Dat schütt als Für mi dör' de Darm,
Als wenn en Mess drin snee'!
Un wa mi't vör de Ogen flüggt!

Un wa mi't dör' de Brägen tüggt!
Un ma mi't in de Knaken liggt!
+++++++++++++O, Je!

Den Hals verdrögt, de Tung verdorbn!
Ick krümm mi, als en Regenworm,
Un allens deit mi weh!
Nu bring mi man en solten Här'n,
Un hal en Buddel Solterbeern,
Sunst kann ick mi ni länger wehr'n!
+++++++++++++O, Je!

Nawerschap

Gudn Abend, Nawer Krischan! – nu sett di man, du!
Wat makt den lütt Jung denn? – wa geiht't mit din Fru?
–

Vunabnd is dat schön un hier buten in de Luv
Doch dusend mal beter, als dar binn in de Stuv.

Dat schull ick man meen'n! – wa's de Luft rein so
warm!
Wa spelt di de Sewwers un de Mücken in'n Swarm!
Dar kummt ock de Mand rop un pliert dör' de Böm,
Un lis' piept de Vageln un sitt all to drömn.

Un wi – sitt to smöken! – ma söt rükt de Bom!
Wa witt schien den Stig dal de Seddelröschenblom!
Un günd de Kaneelbüsch bi'n Grashoff in'n Tun, –
Dat is di en Rükelsch, dat makt een ja dun!

Kiek günd mal heröwer, dar achter na'n Bek!
De Voß stickt de Näs' rut un brut för de Wek;
Als keem dar de Flot her un gung dör' de Wisch,
Als stunn dar in't Water de Bom un de Büsch.

Wat's dat?! – ei, der Deuscher! de Nachtigal sleit;
Wa trurig, wa smuck un wa lisen dat geiht!
Nu hör mal, wa lustig! – wa lud un wa dull! –
Still is se! – – de harr den lütt'n Snawel mal vull!

A, kiek mal dar babn rop, wa steil se sick hölt,
Fru Adbar, op't een Veen un kiekt in de Welt
Un lett vun de Pögg sick ehr Livstückschen singn
Un lurt, mat vunabnd wul de Mann ehr schull bringn.

Dar kummt he! – dar sust he heröwer! – husch! – husch!
De Spitzbov! dar kiek mal! – en Bult un en Busch!
Nu klappert, – nu bedt se, – nu stiegt se in't Nest; –
Slap sund. Marten Hinnerk! – to Bett is dat Best'!

Gudn Nach, Nawer Krischan! – Du büst gar ni dumm,
Een Hand wascht de anner! – dat nehm mi ni krumm!
Du bust dar vun't Vörjahr dat Nest hen für ehr, – –
Un se, –– bröchcn dör'n Schoffsteen di den Schrighals
dafür! –

Regen

Br! Regen, Regen, nix als Regen!
Dat is ock dochen rein to dull!
Plitsch platschen blank! un allerwegen
De Graben un de Gröben vull.

Dat löppt un hört nich op to lopen,
Un gütt dar, als mit Ammern dal!
Als schrobben se mal alltohoven
Dar baben den groten Himmelssaal.

Wa deep dat wul in'n Grund mag trecken,
So'n Fuchtigkeit? – ick löv binah.
Na dissen fang't all an to lecken
Op Gündsit, in Amerika.

Man palscht ja, als en Fisch in't Water,
Mit 't warme Blot is't rein verbi:
Ick bün to Mot, als harr 'ck en Kater,
So waterig, – wa geiht't mit di?

Kannst du dar noch de Warm bi holen?
Du gungst ja jümmers dür' de Mur, –
De Jungn hebbt beter, als wi Olen,
Bi so en Wedder Däg un Dur.

Do' mi'n Gefall'n! – ick will di't laben,
Dat ick di mal een wedder do', –
Dar is gewiß wat twei dar baben,
Lop rop un stopp de Löcker to!

A, de lüttj' Göschen!

A, de lüttj' Göschen! – wa nett sick dat pass!
Dar kamt s' mit ehr Moder un wüllt all to Gras.
Denn lop ick darachter un bün mit darbi,
Dat is so all Summer en Hauptspaß för mi.

Denn lang ick dazwischen un hal mi een rut
Unnehm't in min Arm so, als weer't min lüttj' Brut,
Un strakel't un ei't so den Puckel hendal
Un hol't an de Backen un snüter dat mal.

A, du lüttj' Göschen, so smuck un so nett!
A, du lüttj' Göschen, so week un so fett! '
A, du lüttj' Göschen, so gehl un so fien!
A, du lüttj' Göschen, wa geern mag 'ck di lidn!

Nu lop man un fritt man un nudel di man!
En veer Weeken wider, de slat all watt an!
Un nöst kummt Martini! – Martini! – o! o!
A, min lüttj' Göschen, ma freu 'ck mi darto!

Op'n Höhnerhoff

Tuk, tuke! – tut, tuk!
Kummt se, de Olsche, un kluckt;
Ne, wat en Lust to sehn!
All de lüttj' flinken Been;
Lopt se un snötert un piep':
Tip, tipe! – tip, tip!

Kik – kikeri – ki!
Süh den Hans-Quast mi mal, süh!
Brüst sick un steiht un kreiht.
Selig vor Vaderfreud,
Lat ock en beten för mi!
Kik – kikeri – ki!

Kurr – ruu! – kurr – ru!
Klapp! sä't de Flünken, un hu!
Jagt se di alltomal
Baben vun't Dack hendal,
Düffer makt Mantjes, bu! bu!
Kurr – ruu! – kurr ru!

Wat, matte! – mal, wat!
Kamt ock de Pritjes an't Fatt;
Gehl, als en Suckerplumm;
Plumps! – in de hölten Kumm
Palscht se – un snappelt sick natt;
Wat, watte! – wat, wat!

Husch, husche! – husch, husch!
Kamt ock de Vageln vun'n Busch;
Spatz hüppt in'n vullen Sprung;
Spatsche ock mit ehr Jungn
All achteran mit Geschri
Mi, mimi! – mi, mi!

Wipp 'röwer! – wipp, wipp!
Snawel in't Water 'rinstipp;
Makt ja den Hals so lang,
Sä't wul uns' Herrgott Dank.
Drinkt, – holt tohöch de lüttj' Nipp;
Wipp rünner! – wipp, wipp!

Du, dudu! – du Lünk!
Düffer kriggt Spatz bi de Flünk;
Spatz meer ock gar to slech,
Stohl em't vör'n Snawel weg;
Rapps! – fleegt de Dun ut de Flünk:
Du, dudu! – du Lünk!

Pick, picke! – pick, pick!
Jeder am dullsten för sick;
Hier mal un dar mal hin,
Grüttkorn in'n Snawel 'rin;
Vullpruppt, – un kugelrund dick;
Pick, picke! – pick, pick!

Wau, wauwau! – wau, wau!
Hurrr! – wat en Larm! –– un wa gau!
Hier hen un dar hen flagn.
All utenanner stabn, –
Un – op de Steenbrüch um'n Swanz
Jalpt Filax un danzt.

Fragen un Antwort

Du fragst un grippst dar in de Feern
Un wüßt, wat düster is, so geern,
Un radst un radst, – un weest doch nich,
Wa neeg bischuerns de Antwort ligg;
Wat söggst un stülperst dar rümbi?
Un fällst darop un sühst ehr ni!
++++++++++Wat wullt du hörn?
++++++++++Ick segg di't geern,
++++++++++Kumm her to mi, – ick will di't lehrn.

Du fragst: wo is för Fru un Kind
Dat Eten, wenn se hungrig sünd?
Wa slat wi ahne Gut un Geld
Uns likers ock noch dor' de Welt?
De Tid is dür un grot de Not,
Nu gev mi Rat, wo krieg ick Brot?
++++++++++Heff Lust un Mot
++++++++++Un arbei got.
++++++++++So finnst du allerwegn din Brot.

Du fragst: wo wielt dat Glück? segg an.
Ick grip darna mit beide Hann,
Un krieg't doch likers ni to fat,
Un mennig een finn't op de Strat:
Wa kummt dat denn, dat ick alleen
De eenzig bün, de't noch ni sehn?
++++++++++Bruk Hann un Kopp
++++++++++Un wes' keen Propp,
++++++++++Denn kummt't vun sülbn, – paß blots mal
ov!

Du fragst: wo is dar Freud un Fred?
Ick söch all lang de heemlich' Sted,
Ick söch – un kunn se doch ni finn,
Ick wag – un kunn se doch ni winn.
Ja, ja! dat sünd twee Edelsteen,

De lat sick man mit't Hart verdeen'n.
++++++++++Deel fremmes Leid
++++++++++Mit Lust un Freud,
++++++++++Denn kamt se, ehr du't markst, allbeid.

Du fragst: de een hett riklich kregn.
De anner hett en Barg to dregn,
Dat Schicksal stört em mit Gewalt,
Is't dar en Wunner, wenn he fallt?
Kann he dafür un hett he Schuld,
Wenn't so de leewe Herrgott wullt?
++++++++++Do' du din Plich,
++++++++++Du weest ock nich,
++++++++++Wa swar tonöst din Schicksal wigg'.

Du fragst: uns' Herrgott is gerecht,
Un saken geiht't de Guden slecht;
Wa geev't, wenn he de Leevde weer.
Noch Krieg un Elend op de Eer?
Un kunn nich ahne Not un Tran
De Minschheit ebn so gut bestahn?
++++++++++Wes' brav un wahr,
++++++++++Un hol di rar,
++++++++++So ward di't allns noch eenmal klar.

Un endlich fragst du, wa di't geiht.
Wenn nöst den letzte Stunn mal sleit?
Du Narr! – meenst gar, ick wüß Bescheed
Vun dat, wat man uns' Herrgott weet?!
Ick sä di't geern, wenn ick't man kunn;
Doch so veel weet ick wiß davun:
++++++++++Bedenkst du recht,
++++++++++Wat ick di seggt,
++++++++++So geiht di't ock toletzt ni slecht!

Wat min Plaseer?

Wat min Plaseer?
En lüttjen Placken vun de grote Eer,
Un merrn darop en lüttje Kat
Mank Röben, Kohl, Kantüffeln un Salat.
Singvagels rund herum in't Feld,
En frie Utsicht in de schöne Welt,
Un lik vör Döhr en Hoff mit smucke Blöm
Un Sünnschien noch un gröne Böm.

Wat min Plaseer?
En gut Glas Win, en Seidel bairisch Beer,
En Piep Toback. en Mundvoll Snack,
En Fründ, de't Hart hett op'n rechten Plack.
In't Hus de besten Böker, Band an Band,
De smucksten Biller an de Wand,
Papier un Posen, Black un ann're Dingn,
Un jümmers Lust, en Leed to singn.

Wat min Plaseer?
Man still, mi düch, als wenn dar noch wat weer!
Dat's recht! ja, ja! – en lüttje Fru,
De smuck un klok un gut un brav un tru,
En Hus vull Görn, Gesundheit, Lust un Mot,
Un för uns all dat leewe Brot,
Ick wüss ni, wat dar sunst noch öwrig weer,
Dat's dusend nog, – un gar nix mehr!

Du un ick.

Du hest ja allns, wat wullt du mehr?
Din Koffers vull vun Geld,
Den grötsten Stall, de smucksten Per',
Dat beste Korn in't Feld.

Du büst in't Dörp de rikste Bur,
De Klökste rund herum,
Un doch so buk un doch so sur?
Un jümmers still un stumm?

Ick heff keen Koffers, heff keen Geld,
Keen Schün, keen Korn, keen Per',
Un wünsch mi dochen vun de Welt
Ock nich en Handvull mehr.

Ick bün tofredn, bün ick man fri,
Un is de Himmel blau,
Un singt de Vageln öwer mi,
Un schient de Blom in'n Dau.

Du büst versorgt, – un ick – ick weet
Noch ni, wasück dat ward;
Ick heff ja nix, als blots min Leed
Un denn min fröhlich Hart.

Un du – du sorgst noch Dag un Nach
Mit all din Gut un Geld?
Süh her! – ick spel un sing un lach
Mi lustig dör' de Welt!

Ole Leeder.

I.
Dat hungrige Kind.

Wul öwer't Bett de Moder sitt,
Ehr Kind, dat is so bleek, so witt.
Moder, ach Moder, ick Hunger dod!
Min hartleev Moder, gev mi Brod!
Töv man noch, min gudes Kind,
Morgen wüllt wi seien.

Un als de Moder seggt dat Wort,
Dat Kind, dat schreeg noch jümmers fort:
Moder, ach Moder, ick hunger dod!
Min hartleev Moder, gev mi Brod!
Töv man noch, min gudes Kind,
Morgen wüllt wi meien.

Un als de Moder seggt dat Wort,
Dat Kind, dat schreeg noch jümmers fort:
Moder, ach Moder, ick hunger dod!
Min hartleev Moder, gev mi Brod!
Töv man noch, min gudes Kind,
Morgen wüllt wi döschen.

Un als de Moder seggt dat Wort,
Dat Kind, dat schreeg noch jümmers fort:
Moder, ach Moder, ick hunger dod!
Min hartleev Moder, gev mi Brod!
Töv man noch, min gudes Kind,
Morgen wüllt wi backen.

Un als de Moder keem mit Brod, –
Dat Kind weer still, – dat Kind – – weer dod!

II.
De Frier.

In Stolten, in't Weertshus, herum in de Stuv,
Dar flüggt wull all' Morgen en sneewitte Duv,

En sneewitte Duv mit en sneewitten Fot,
Se flüggt dar all' Morgen ehr Moder in'n Schot.

In Stolten in't Weertshus, wer sitt dar so bli?
En kruskoppen Bursöhn, de geiht op de Frie;

Gudn Dag ock, Fru Krögersch, so smuck un so fin!
Ju swattbrune Dochder, – ick wull ehr noch frien.

Min swattbrune Dochder? – dat is noch to fröh!
De mutt noch wat töben, een Jahr oder twee.

Een Jahr oder twee? – – wat en Tid! ach, wa lang!
Se springt vun de Eer, – un se springt op de Bank;

Se springt vun de Bank, – op'n Disch springt se hin:
Nu süh, min leev Moder, wa grot ick all bin!

Komp.: 1 st. v. Cl. Serpenthien

III.
Fru Hasselin.

En Mäden wull to danzen gahn
Un plöck sick Rosenblom,
Wat seeg se op de Koppel stahn?
En grönen Hasselbom.

Nu gröt di Gott, smuck Hasselfru!
Wavun büst du so grön?
Nu gröt di Gott, feins Mäden du!
Wavun büst du so schön?

144

Vun't witte Brot, vun'n köhlen Win,
Darvun bün ick so schön!
Nu segg mi ock Fru Hasselin,
Wavun büst du so grön?

Vun't witte Brot, vun'n köhlen Win,
Darvun büst du so schön?
Vun'n köhlen Dau, vun'n Sünnenschin,
Darvun bün ick so grön!

O weh, Fru Hasseln, gude Nacht!
Min Bröders kamt to ra'n, –
Nu fallst du wull in all din Pracht
Un warrst herünner sla'n!

Un fall ick ock in'n besten Glanz. –
Frisch waß ick ut de Eer!
Verwelkt en Mäden eerst ehrn Kranz,
So grönt he nümmer mehr!

De eerste Dracht.

Eerst eben wüllt de Stickbein blöhn,
De eersten na en lange Nacht,
Dar summt ju all um't frische Grön
Un sorgt all för de eerste Dracht.
Warum so'n Hast? warum so'n Il?
Dar flüggt en Fleerlink, gollengehl, –
Wi hebbt keen Rast, wi hebbt keen Wiel,
Un Gold alleen, dat seggt ni veel!

He flattert her, he flattert hin
Un nippt, wo't wat to nippen gifft,
Un süh, dat's ni na unsen Sinn,
Dat he't man för sick sülben drifft. –
Wi nehmt ni mehr vun't leewe Brot,
Um dat wi fleegt ahn' Rast un Ruh,
Ni mehr als eben för uns not,
Un süh, dat anner dat kriggst du!

Lütt' Imm, lütt Imm', dat is wul wahr!
Du mit din Fliet un all den Mot,
Du giffst so recht en Bispill dar
Vun de, de för uns arbeidn do't.
Un mit de Antwort büst parat,
Ick 'löv am Enn, du büst wul gar
En sozialen Demokrat
Un makst mi eerst min Standpunkt klar.

Na nu?! – denn kiek mal bi uns in.
Du mit din Witz un mit din Spott!
Hebbt wi ni ock uns' Königin?
Un hebbt se ni vun'n leewen Gott?
Un weetst du't ock? – du weetst wul nich, –
Wat se allem för'n Arbeit heit!
Du makst ja blots man din Gedich
Un meenst noch recht, wa schön dat lett!

Du flatterst ock vun Blöt to Blöt,
Vunwegn du wul en Dichter büss,
Un so en Dichter vun Gemöt
Bedenkt ni, wat en *Wieser* is?!
Gah du man na din Fleerlink!
Süh, Hader is en düstre Wulk! –
Un'n Edelsteen in'n gollen Rink
Dat is en König un sin Volk!

Willkamn, Herr Adebar

Willkamn, willkamn, Herr Adebar!
Wa du mi freust! – büst ock all dar?
Ick heff di sehn! ick heff di sehn!
Herr Adebar, du Langebeen!

Juchhei! nu ward dat wedder grön!
Un all de lüttjen Blom ward blöhn!
Un all de lüttjen Vageln singn!
Wakeen kunn dar de Luft bedwingn!

Denn stimm ick di min Stückschen an,
So gut ick kann, Herr Klappermann,
Un nösten lest de ganze Stadt
Din Loff all in uns' Zeitungsblatt.

Keem ock en ann're Tid för di,
Erklär'n se di ock vagelfri,
Is Undank ock de Welt ehr Lohn,
Di ward doch nüms en Leid ando'n!

Weer'st du't ni, de de Kinner geev,
Harrn di de Kinner ni so leev!
Un Kinner ward doch ock mal grot, –
Wakeen schütt den en Adbar dod?!

Du büst min leevsten Vörjahrsgast!
Bu du man wedder op de Fast;
Fisch du man wedder 'rum in'n Dick, –
En jeder nimmt, wat Gott em schick.

Du hest mi pe a pe besöcht
Un mi all tein dör'n Schoßsteen bröcht,
Datweer als »Gottes Segn bi Cohn«, –
Wat harr min Olsch darmit to do'n!

Un dochen büst du wedder dar.
Ick rop: Willkamn! Herr Adebar!
Ick freu mi lud, dat ick di sehn,
Un bröchst du mi ock noch mal een!

Sündagmorrn.

Hallo! hallo! min Moder du!
Wo büst du denn, min gude Fru?
De Imm, de swarmt all um de Böm,
Dat is en Schann, in'n Bett to drömn
So Sündagmorrns bi Summerdag,
Wenn allns dar buten levt un lach.

Ei süh, ei süh! du büst all dar?!
Un mit de Kann?! – dat is ja rar!
Ick weer all Klock um dree to Been
Un heff mi mal dat Feld besehn;
De Sünn, de keem dar gar ni rot,
Mit't Wedder hett't vundag keen Not.

Wa stunn dat leewe Korn un lach!
Hett wedder düchtig daut vunnach;
Mi is de Büx bit baben natt;
Vunt Summer gifft en dickes Swatt,
Müch blots uns' Herrgott allns bewahrn,
Denn gifft't Gottssegen intoarn.

Uns' Kleewer reckt bit an de Knoorn,
De Weeten brust bit an de Ohrn;
Din Flaß fangt ock all an to blöhn
Un lett de blauen Knuppens sehn,
Vunnamiddag, kummt nix darmank,
Denn wüllt wi mal tohoven lank.

Nu schenk mi man min Tass' mal in!
Dat's veel to warm un bruddig binn!
Wi wüllt de Finstern apen pann:
Süh so! dat weer ja Sünn un Schann,
So'n Morrn, wo allns so wunnerschön,
Dör' Glas un Ruten to besehn.

Aha! – dat is en Morgenstund!
De hett doch richtg Gold in'n Mund,
Nu kick man mal! an alle Böm
Un öwer't Gras un op de Blöm!
Ach, Gold!? – watt segg ick?! – ne! ick meen,
Dat sünd ja luter Edelsteen.

Wa staht de Tulken günd un lacht
So rot un bunt, – dat is en Pracht!
Un denn de Rosenbüsch op't Bett, –
Nu rük man mal, wa rükt dat nett!
Din Nelken drägt de Last ni mehr,
De Knuppens hangt dar op de Eer.

Ei Deuscher! is doch redig slimm,
De Grasmück snappt uns all de Imm,
Dar hal se wedder een – un husch!
Nu krüppt se ünner'n Stickbeinbusch.
Harrst du dar ni din Nest all bu't,
Ick puß di wul de Lamp noch ut!

So tidig noch, – un wat en Larm,
Als wull de ganze Lindnbom swarmn!
Un wa de Swülken fleegt un scheet!
Un wat nich allns de Spatz all wert!
Un hör man mal op't Dack de Spreen,
Wa singt un fleut se wunnerschön!

Süh, Krischan Schäper ock – he tut
Un drifft all mit de Schap herut.
Ho, wa de Lämmer flink to Been!
Vunmorrns is ock de Heiloh schön;
Dar singt de Steilitsch op'n Knüll,
Un Heilohblom in Hüll un Füll.

Un ward ein ock de Tid mal lang,
De Lurk verdrifft ehr mit Gesang;
Uns' Hadbar flüggt ja ock hendal
Tonösten un besöcht em mal,

Un wenn he geern mal lesen will.
He hett ja ock de Huspostill.

Wat's dat? – dat weer ja Klockenschall!
Herrje! Persepter beiert all;
Dar kummt ja ock all lanks de Strat
Herr Paster an in'n vull'n Ornat;
Nu lang mi man dat Psalmbok dal,
Ick löv, ick hör de Predigt mal.

Buten.

Herut, herut, man alle Mann!
De Steerns fangt ebn to blinkern an;
Un du, min Moder, ock mit rut,
Uns' Schrighals slöppt dar binn ja gut.
Süh so! nu sett jüm alltomal
Man op de Gard'nbank bi mi dal.

Ei Deuscher! ward dat Hart een wid
So buten in de Schummerntid;
Un Fru un Kinner um een her.
Als wenn't mank luter Rosen weer;
Dat röhrt een mehr, als in de Kark,
Dat freut een mehr, als gung't to Mark.

Still! – hört jüm wull? – den Reller dal?
Ick löv, dat weer de Nachtigal.
Ja, ja, ganz recht! nu fleut se lud
Un schütt dat lütte Hart mal ut,
Nu wedder rein so lis' un sacht,
Als sung dar'n Engel dör' de Nacht.

Un nerrn an'n Dik, in't hoge Ret
Hebbt ock de Pögg ehr Lust, ehr Leed.
De Mücken spelt un sünd togang,
Un Glöhwurm stickt de Lüchen an;
De Ad'bar steiht dar als en Pahl
Op't eene Been und kiekt hendal.

Wa lurig treckt de Abendluft,
Un wat en Rükelsch, wat en Duft!
Ick löv, dat do't de Caprifoln,
Un nerrn in'n Hoff de Nachtvijoln;
Un günd de Tun, de kappt warrn schull,
Steiht ock ja vun Kaneelbüsch vull.

De Vageln sitt un piept in'n Drom,
Lüttj' Bodderhorn slöppt bi lüttj' Blom,
De Bläder swigt un hangt in'n Dau,
Un allns is still un allns is Rau;
Sungn ni de Pögg dar in de Feern,
Ick löv, nu kunn 'ck en Spinnwipp hörn.

Ei süh, ei süh, hoch öwer'n Kopp
An'n blauen Hebn, – nn kiekt mal rop;
De lüttjen Engeln röhrt de Hann,
Un fleegt un stekt de Lichter an,
Un jümmers mehr un jümmers mehr,
Als wenn dar gar keen Enn op weer.

Ob unse lüttje Ann-Marie
Vunabend ock wul mit darbi? –
Dat weer en Deern, – wer harr dat dacht!
Nu, nu, min Moder, wes' man sacht;
Wat hölp't denn, dat de Tran noch lop?
Wi kamt dar babn ja all tohop.

Dar kummt de Mand, – dar kiekt he all
Günd dör' de Eschen achter'n Stall;
Dat mutt en Lust we'n, so an'n Hebn
Des nachts de Welt hindör' to swebn.
Wa lacht he smeerig um de Snut, –
Den lock wul ock de Abend rut.

Nu smevt de smarte Wulk darvör, –
Nu pliert he wedder lisen dör'
Un glupt in alle Ruten 'rin
Un weet. wat allns passeert dar binn;
Un geiht he morrns to Rau, he weet
Vun Freud un Leid genau Bescheed.

Wat jagt denn noch in't Dörp so lat?
Günd holt en Wagen vor de Kat;
Dör't Finster schient so hell de Lamp,
Un ut'n Schoßsteen stiggt de Damp,

Dat's wahr, – dar liggt all Weken lang
En armen Mann vör'n Dokter krank.

Förwahr, förwahr, dat is en Leid,
Wenn so de Dod für Ogen steiht.
Wat mutt he lidn, de Stackelsmann!
De arme Fru, wat fangt se an?!
Du leewe Gott, – un blifft he dod.
Acht Kinner sünd dar ahne Brot.

Mi dünk, dat's Best', wi gaht to Bett;
Ja, ja! kamt rin un bedt mi nett;
En hartlich Wort um Hölp un Rat,
Dar für den Kranken in de Kat. –
Vellicht, dat he an't Leben bleev,
Uns' Herrgott hett de Kinner leev.

Utflagen.

Dar sitt dat Nest, un nix darin,
Als Eierschell un Dun un Spinn, –
Se flogen ut, – ick dach mi't wull,
Dat wurr se sacht to eng un vull,
Fief grote Jungn un beide Oln,
Wa kunn so'n lüttj' Gebüd dat holn!

Un dochen heel't, wat seggst darvan?
Wo dröppft du wull en Handwarksmann,
Un wenn't de klökste Meister weer,
De so en Hus di but vun Eer?
Du dröppst em nargns, dat künnt so schön
De lüttjen Swulken man alleen.

Nu süh, wa se de Mücken griept!
Un wa se spelt, un wa se piept!
De künnt di fleegn, ick meen, dat geiht!
Un wenn mal 'n Finster apen steiht,
Se sä't gudn Dag, schaneert sick ni
Un huscht di bi de Näs' verbi.

De lüttjen Tiern, wa bün 'ck ehr gut,
Un wa mi't freut, dat se hier but!
Ick söch dat Glück un kunn't ni finn,
Dar keem't vunsülben na mi 'rin,
Dat mak dar babn dat lüttj' Gebüd,
Wer wüss ock ni, wat dat bedüd.

Ick de' denn ock darför min Deel,
Dat ick dat Nest för se beheel,
Dree Weken dur't, dar harrn se't but,
Dar sä Herr Spatz: dat pass sick gut!
Treck in, Fru Spatsche! – süh, wa nett,
Hier hol man erst mal Wekenbett.

Fru Spatsch krop 'rin un achteran
Krop ock mit 'rin Fru Spatsch ehr Mann
Dar seet he seker in de Schanz,
Sin Snawel weer en gude Lanz,
Un keem de lüttje Swulk mal her,
So steek he'n rut un prickel ehr.

Dat Deuwelstüg! is't ni to dull?
Lüttj' Swulk, de schimp, lüttj' Swulk, de schull,
Lüttj' Swulk, de keem, tick an bi mi:
Kumm 'rut, kumm 'rut un stah uns bi!
De Spitzbou stehlt in'n Ogenblick
Dat Hus uns weg un di dat Glück!

Dar nehm ick denn en langen Schech
Un jag de Sackermenters weg,
Un als se man eerst buten weern.
Dar wull'ck se wul wat anners lehrn;
Bums! sä't, – da leegn se op de Strat,
Un rupps! – harr se de Kater sat.

So weern min lüttjen Swulken beid
Denn Herrn vun't Hus in Lust un Freud,
Un lustig hebbt se flagn un sungn,
Bit Swulksche an to sitten fung,
Fru Swulksche mal ehr Saken gut.
Fief lüttje Gehlnipps kropen 'rut.

Herrje! wurr dat en Piepgelag
Den ganzen ungelenkten Dag!
De beiden Oln, de harrn ehr Not,
So'n Fief, de sünd so licht ni grot,
Wa mennig Mück, wa mennig Fleeg
En jeder to versluken kreeg!

Nu sünd se grot, Gott Loff un Dank!
Un fleegt dar all de Strat hinlank;
Dar sitt dat Nest, un nix darin,
Als Eierschell un Dun un Spinn;

De dumme Lünk! – weer he an'n Lebn,
Nu harr ick't em vunsülben gebn.

Man mutt man blots de Tid afwahrn.
Denn geiht so licht een nix verlarn,
Wer hiddlig is un dat ni kann,
De sett bischuerns allns daran.
Un kriggt he denn em op de Flünk,
So geiht em't wul, als Muschü Lünk.

Min lüttjen Hürslüd.

Willkamn, lüttj' Swulk, lüttj' Swulk so klok!
Willkamn, lüttj' Ackermann, so drok!
Lüttj' Swulk so slau, lüttj' Wippsteert blau,
Wa weern ju slau, ma weern ju slau!
Dat Hus weer klar, un nüms weer dar,
Dat pass jüm wul verdeuwelt rar.

Dar keem jüm an mit Sack um Pack
Un budn de Nester ünner't Dack;
Mi dünkt förwahr, de Tid is dür,
Wasücken steiht't denn mit de Hür? –
Na, kiekt mi man so bang nich an,
Ick spaß ja blots un meen ja man.

Ick schrap se sacht allem tosamn,
Blivt ju man hier in Gottes Namn.
Mit't leewe Brot hett't sacht keen Not,
Un Platz is ock in'n Öwerflot,
Willkamn denn! un noch mal willkamn,
Min lüttjen Hürslüd beid dar babn!

Is't nich en Lust, is't nich en Freud
Twee Nawers so in Eenigkeit?
Un beid dat lüttje Nest vull Segn;
Hier veer, – dar fief, – tohopen negn;
Lüttj' Gehlnipps all, – ei süh, ei süh.
Ick heff wul hört de Pieperi.

So weer dat eerst all forts wat Gud's,
Wat ick hier funn in't nie Hus,
En Swulkennest, – Persepter seggt,
Un ol Persepter hett wul Recht:
Nehmt ja kein Schwalbennest mir aus,
Die Schwalbe bringt das Glück in's Haus.

Dat Glück in't Hus! – heft't hört, lüttj' Swulk?
Du flüggst ja lustig dör' de Wulk,
Un dröppst du'n lüttjen Engel an,
So gröt em smuck un segg em man:
Sühst wull dat Hus dar nerrn? – süh dar!
Dar wahn ick – – segn du't alle Jahr.

Un du, min lüttje Wippsteert blau,
Du büst so flink to Been, so gau,
Du kunnst wul ock för't frie Wahn'
Tonöst mal för mi Warvschap gahn,
Nöst meen ick, wenn den Lüttjen grot,
Un wenn jüm mcdder reisen do't.

Süh, wid vun hier, in't flache Land,
Dar wahn ick mal un weer bekannt,
An't gröne Holt, dar wo de Stör
De smucken Wischen löppt hindör',
Un kannst den Ort alleen ni finn,
So wis't di sacht lüttj' Swulk darhin.

Un wis't di ock wul sacht dat Hus'
Wo du vellicht tonöst mal bu'st.
Dar baben is en lüttje Stuv,
Un in de Stuv en witte Duv, –
Dar fleegt mi mal an't Fenster dal,
Un gröt ehr hunnert dusend mal.

Un sät: Wi kamt un schulln di seggn,
Wa he nach jümmers na di leng,
Wi kennt em gut, denn an de Mür,
Dar seeten wi bi em to Hür,
Un just, als wi op Reisen gungn,
Dar hett he di dit Leed noch sungn.

Du hest't wul sacht in't Blatt all sehn.
He sä ock noch, dat gung em schön,
He harr ni lang dat Glück eerst söcht,
De lüttjen Vageln harrn't all bröcht,

Dar seil man een, – du wüss Bescheed,
Un wüss ja ock, wasück se heet!

Min lüttjen Gäst.

(Als se am dullsten in de Kniep weern).

Nu kamt man her un et ju satt!
So'n Winter hebbt wi lang ni hatt,
Als wenn wi merrn in Rußland weern,
Een kunn ja Näs' un Ohrn verfreern!
Bischuerns föfftein ünner Null, –
Dat is mi denn doch meist to dull!

Ju lüttjen Vageln künnt een durn,
Dar sitt ju nu in'n Snee to lurn
Sluckohrig un bedrövt un still,
Halv lenterlahm un rug vör Küll,
Un kiekt mi an un sät: »piep! piep!«
Ach ja, nu sünd ju in de Kniep!

Na, kamt man her, dat hett keen Not,
Ju hungert darum doch ni dot,
Un wenn ju ock ni seit un meiht,
Als in de Bibel schreben steiht,
Un ock keen Hus hebbt un keen Stall,
Uns' Herrgott sorgt doch för ju all.

He sä denn ock to mi: »Johann,
Nu seeg di man de Vageln an;
De Winter kreeg se in de Engn, –
Du singst doch ock? – ick wull man seggn,
Denn sünd se wul din lüttjen Frünn, –
Nu bring ehr man wat Eten hin!«

Dar hebbt ju't denn! nu kamt man 'ran!
Ick seeg mi ju bideß mal an.
Ne, wat en Sellschap, wat en Gäst!
Un merrn in'n Snee hier, mat en Fest!
Un jümmers an de Spitz Herr Spatz, –
Wo seeg man den ni mit sin Schatz?!

Süh dar! dar hest du't, Muschü Lünk!
Dar kreegst du ebn een op de Flünk!
He pick Fru Drosselsch frisch un frech
Dat Beste lik vör'n Snawel weg,
Dar geev em ock een in de Ripp
Ehr Mann noch mit sin gehle Nipp.

O, de versteiht dat Quinkeleern,
Vör alln in't Holt, so ut de Feern!
Na, sünd mi man den Winter dör',
Denn fleut he uns gewiß wat vor; –
Wakeen kunn ni bi Summerdag,
Sick högen an en Drosselslag?!

Süh dar! wat's dat för'n lüttjen Mann?
De hett sin besten Rock wul an!
Lüttj' Bokfink, o, ick kenn di wul!
Nu neih di man den Kittel vull!
Wa brust so frisch in't Grün din Leed,
Trumpetst du eerst op din Trumpet!

Un du in din lüttj' gehl Habit,
Min lüttj' Gehlgöschen, hest Apptit?
Denn pick de Grütt un pleg di man,
Du stimmst to Summer ock mit an! –
Un singst ock man en simpeln Lud,
Dar feil doch wat, weerst du darut.

Wat kummt denn dar för'n lüttje Dam?
De's noch de smuckst' nun alltosam!
Graubrun un'n füerrodes Dok, –
Un wat för Ogn, so fram un klok!
Lüttj' Rotboss is't! Du leev lüttj' Deern,
Di hör ick för min Leben geern!

Vor alln in'n Harst, wenn welk de Blom,
Un wenn de Bläder fallt vun'n Bom! –
Denn singst du in so'n egen Wies',
Dat klingt so wehmotsvull, so lis'.

Als wenn man um wat Leeves ween
Un schull't min Dag ni wedder sehn. –

Dar kummt all wedder'n Beddelmann, –
Hett de een smuckes Röckschen an!
Gehlgrön un grau un himmelblau, –
Lüttj' Meeschen is't, so flink und gau, –
Un wedder een, – Platz för'n Major!
De's König vun dat ganze Chor!

He drifft sick sunst in'n Tun herum,
Un is ni gröter, als en Plumm;
Ja, kumm man her, du leev' lüttj' Baas! –
Un du, dar babn in'n Bom, Herr Klaas! –
Quark! quark! – sünd eerst de Lüttjen satt,
Denn kumm man dal un nimm di wat!

Süh so! nu will 'ck spatzeercn gahn
Un hier ni mehr to freren stahn!
Vull Rugriep glitzert allns, wat waßt,
Als weer man in en Feenpalast, –
So'n Winterdag is doch en Pracht! –
Nu nehmt ju vör de Katt in acht!

Muschü Lünk

Gesegnde Mahltid, Muschü Lünk!
Nu japp man mal un reck de Flünk:
Wa hest du nickt, wa hest du pickt
Un di de Dun mit Grüttkorn spickt;
Herrje noch mal! wa rund un stiv
Un pruppen vull dat lüttje Liv.

Na, na! – ick günn di't hartlich geern,
Wi wüllt uns darum ni vertörn.
De Höhner krigt wul sacht ehr Maat,
Wenn jüm ock mal to Disch mit gaht;
Doch seeg di vör, – dat ra' ick di!
Kriggt di de Hahn – denn is't verbi.

Ne, töv! du dörfst mi noch ni fort,
Hol! stopp! – wi snackt noch eerst en Wort.
Wa weer't, wenn ick na Recht un Ehr
Di eerst noch mal den Lex verhör?
Du hest't förwahr all lang to gud,
Un endlich mutt't dar doch mal 'rut.

He! weest wul noch, du Spitzbov, du?
Vergangen Jahr? – dar dreeben ju
Sick jümmers 'rum, to stehln un robn,
Un seeten in min Kassbeinbom;
Dat tog mi richtig in de Gall;
Min smucken Bein, – jüm stohln se all.

Un denn min Blomsaat, wat ick seit, –
Hebbt jüm mi't ni heruter kleit?!
Hebbt jüm mi ni de Wicken halt
Un all min smucken Arfen pahlt?!
Ei, harr ick blots en Knappbüss hatt,
Jüm harrn den Deuwel kreegn in't Gatt!

Des Morrns – ick leeg noch in de Dös', –
Denn sitt jüm Äs' all op de Äs'
Un makt en Snack un makt en Larm,
Als wulln dar dusend Immstöck swarmn,
Als weer dar Gill, als harrn jüm Bol,
Dar slap mal bi so'n Judenschol!

Man kann sin egen Wort ni hörn
Vor luter Larm un Räsonneern!
Keen Keesfot un keen Kinnerbeer,
Un wenn ock allns besapen weer,
Un alle Wiver dun un vull,
Is halv so slimm un halv so dull!

Un denn din Rock, – bekiek di mal,
Dat is doch richtig en Skandal!
So pudelrug un schitig swatt.
Als harrn se di in 'n Rünnsteen hatt.
Op't Water hest du't wul ni gut,
Sunst wusch du sach din Steert mal ut.

Un öwerall de Näs' darmank,
Un jümmers Strit un jümmers Stank;
Jüm haut sick scheev un kloppt sick mör
Un wackelt sick na Noten dör';
Dar günd in'n Tun, – ick heff't wul sehn,
Bischuerns twintig Stück op een.

Un all de Löcker in min Dack, –
Wer hett se makt? – dat Spatzenpack!
De ganze Ös', se bummelt vull
Vun Band und Palten, Dun un Wull;
Jüm stehlt een allns! – dar hangt förwahr
Min Olsch ehr afset Nachtmütz gar!

Un denn so trag un denn so ful,
Un jümmers vull dat grote Mul!
Un sünd de lüttjen Swülken kamn,
Hebbt Spatzen all de Nester nahmn;

Wat hölp't?! – lüttj' Swulk, de mutt sick sinn,
Herr Spatz de seggt: wi togn all in.

Un recht eerst mit'n Ehestand,
Dar driv jüm nix als Sünn un Schand,
Ick weet dat wul, ick heff't wul mark,
Keen Preester is dar un keen Kark, –
Un doch dar babn in't Adbarnest
All' Näslank hebbt de Spatzen Köst!

Ne, wat to dull is, is to dull!
Un wenn sick't jüst mal drapen schull,
Dat ick de Büss vun Nawer kreeg,
O weh, min Sit! – denn gung jüm't leeg! –
Süh so! – nu mark't – un scheer di weg
Un segg't de annern, wat ick segg! –

De Swulken.

Wat wullt du mit de Hoppenstang?
Töv, lettst mi mal de Nester hangn!
Se sitt dar babn ja nüms in'n Weg,
Un weest du ni? – Persepter seggt:
Die Schwalbe bringt den Lenz zurück,
Und wo sie baut, da wohnt das Glück. –

Ja. ja! Persepter hett wul Recht;
Mi gung't ja ock noch nümmer slecht;
Heff Gottes Segn an Korn un Brot,
Heff Fru un Kinner, frisch un rot,
Un heff sogar in alle Jahrn
Keen Perd un noch keen Koh verlarn.

De ol' Tobias wuss dat wul.
He harr umsunst sin Dack ni vull;
Un kreeg he, als se budn un flogn,
Daröwer ock sin blinden Ogn,
So leet he doch de Nester da,
Un süh, dat Glück keem achterna. –

Mi dünk ock doch, dat weer en Schann,
Wenn sick en Mensch vergreep daran;
Betrach man mal so'n Nest genau,
Keen Murmann mürt dar wul so slau;
Ick wüss ock nargns en Timmermann,
De so en Kunststück maken kann.

Dat hangt ja richtig an de Mur,
Als weer't dar wussen vun Natur;
De Swulken kunn fürwahr mit Ehrn
En Discher limn un klistern lehrn.
Man meent, dat kunn sick sülbn ni holn,
Un driggt de Jungn mitsamms de Oln.

Un sünd de eersten Swulken da,
Röppt ni dat ganze Dörp Hurra?!
Hurra! nu is de Summer kamn,
Nu hett de Winter Afscheed nahmn!
Paß blots mal op! un is he weg,
Kummt't richtig, als Persepter seggt.

De Summer kummt un bringt de Blöm;
De eersten sünd de Kassbeinböm,
Als behrn se noch den Winter na
Un hungn vull Snee, – so staht se da.
Tonöften awers – ei, süh dar!
Is buten allens klapp un klar.

Denn ward de Stickbeinbüscher grön,
Denn ward de lüttjen Oschen blöhn,
Un blomig ward de ganze Grund,
Un Tulpen kamt dar, rot un bunt,
De Adbar kummt, – un in de Feern
Lat fröhlich sick de Lurken hörn.

Un jümmers warmer schient de Sünn;
Un denn – en Ognblick wider hin, –
So sitt wi, wo de Lindnbom hangt,
In'n Schatten buten op de Bank
Un freut uns, wa de Swulken piept
Un singt un sick in't Fleegen griept.

Un flogn se denn so lustig ni
Husch, husch! – vöröwer un verbi,
So weer dar buten ni to durn
Vor Fleegn un annre Kreaturn;
Man hett ja so sin Not, – de Äs',
De spelt een likers op de Näs'.

Ick seeg de Swulken jümmers geern
Un heel se alltid hoch in Ehrn;
Se sünd ja ock op Reisen we'n
Un hebbt de fremmen Länner sehn!

Sogar wenn't regen ward, se weet
Dat op en Haar un sät Bescheed.

Un du wullst mit de Hoppenstang
Mi eben na de Nester langn?!
Fui, scham di wat! – ick wul di't radn! –
Wat hebbt de lüttjen Tiern di da'n?!
So fröhlich all, so fram un drok,
So flidig un so flink un klok.

Süh, vun de Swulken kannst du't lehrn,
Din Hus to bu'n, din Hus to nährn!
Wes' flidig, lat den Kopp ni hangn,
Wes' frisch un fröhlich, nümmer bang, –
Do' nüms en Leid – un lev in Fredn,
So büst vun alle Menschen ledn.

De Pilz

De Pilz, de is to Ansehn kam
Bi alle Herrn Naturbetrachter,
Doch an den ganzen Pilzenkram,
Bi Licht besehn, wat is darachter?!

Den Glückspilz lat ick mi gefalln.
De deit doch wider sunst keen Schaden,
He ward man blot beneidt vuu alln,
Wil alles em so schön geraden.

Un denn noch een, de Schampinjon,
De mag mintmegn dar buten huken,
Dar hebbt wi Menschen doch wat vun,
Wie künnt em in de Sos' verbruken!

Den Gizpilz awers heff ick dick,
De lett den Kees un fritt de Milben!
De Doria is op'n Prick
Nix anners, als de Düwel sülben!

Bi'n Mistbarg stecht de Poggenstohl,
En groten Slapphot driggt de Bengel,
He spegelt sick in'n Addelpohl
Un meent wul gar, he weer en Engel.

Den Düwel ock! – wo he gedeiht,
Mut Dokter hölpen un Aptheker,
Denn wo so'n Slapphot wuchern deit,
Wart Gift brut, dat is eenmäl seker!

Un denn noch een, – de's ock keen Lamm,
Vunwegn sin Appetit bi't Eten, –
De Hungerlider is de Swamm,
He deit uns ganze Hüs' opfreten!

Nu awers kamt de lüttjen all,
De sick vermehrt in grote Scharen,
Un de so veel, dat noch keen Tall,
Wa veel se sünd, uns kunn verklaren.

De Herr Geheimrat Bockendahl
Föhrt Krieg mit düsse Menschenplackers
Un hett uns in den Wriedt'schen Saal
Wat Schön's vertellt vun düsse Rackers.

In Stoff dar drivt se ück herum
Un sitt in't Water, dat wi drinken,
Un op de Appeln, an de Blumm,
Un op de Wuss un an den Schinken.

Se lurt di in de Stratenrinn,
Du pettst se hupenwis' mit Föten,
Du athenst mit de Luft se in,
Un kannst dat Düwelstüg ni möten.

Se sitt in'n Fotborrn, an de Wann
Un an den Rock un in sin Taschen,
Tu driggst se ock mit an de Hann
Un mußt se darum flidig waschen.

Un hest du just keen kahlen Kopp
Mit Plackens oder Mandschienstreken,
Un sitt noch welke Haar darop.
So künnt se sick darin versteken.

Un keest mal wat in't Botterfatt,
Un gährt dat op de Suckersaken,
Un schimmelt in de Kruken wat,
So is't en Pilz, de dat verbraten.

Un Masseln, Scharlach, Diphterie,
Un Milzbrand oder Lopenfüer,
En Pilz is allemal dabi,
Un guden Rat denn jümmers düer.

Un Typhus, Pocken, Cholera,–
Nu bed ick een um Gotteswillen!
Dat Deert is allerwegen da,
Sogar de Swind hett ehr Bazillen!

Un liggst du mal un hest de Jicht,
Ganz lenterlahm in alle Knökeln,
So is vellicht de Bösewicht
En Pilz, de in di 'rum deit spökeln.

Wa mennig een hett nich all rungn
Mit so'n verfluchten Pilz-Karnickel!
Un de dit Pilzenleed hett sung'n.
Den harrn se ock all mal bi'n Wickel.

Un Salizil sluck he statt Beer, –
Veer Weeken lang dur dat Vergnögen,
Wa gung de Stackelsmann tokehr
Un kunn doch blots den Kopp man rögen!

Un wüßt du geern, wasück he heet,
He seggt di't ni, he dörf't ni wagen,
Wenn't de verfluchten Pilzen seht.
Denn krigt se em noch mal bi'n Kragen!

Lütt' Imm

Lütt' Imm, lütt' Imm, büst ock all dar
Un röppst: adjüs, Herr Februar?!
Ick wull man seggn, is't ni to früh?
In'n März fallt doch bischuerns noch Snee,
Un achter'n März, de Herr April,
De deit doch ock noch, wat he will!

Summ! summ! – wat kümmert di de Tid?!
Din een un allens is de Fliet,
Un freert di ock din lüttjen Been,
Du mußt all mal in't Wedder sehn; –
So'n langen Stot in'n düstern Stock,
Dat is ja rein, als weer't in't Lock.

Wa freut di wul to'n eersten mal
De warme, gollen Sünnenstrahl!
Hangt ock noch nargns en Blatt an'n Bom,
Doch hier un da all 'n lüttje Blom,
Un af un to en Lurkenslag, –
Wa schön su'n eersten Vörjahrsdag!

Dat schull ick meen! – ach ja, wa schön!
Süh', ock de Rötbüsch wüllt all blühn,
Un ock all'n Klöckschen öwer'n Snee
In't mitte Rückschen, – – ach, Herrje!
Dar flüggt sogar all'n Fleerlink,
Noch gans verklamt, – dat arme Ding!

Na, bargt sick wul un sinnt sin Brod, ––
Dat durt ja man m lüttjcn Stot,
Denn kummt dat lisen als in'n Drom,
Un jümmers mehr kummt't, – Blom an Blom
Bit öwer'n Kopp un für de Föt,
Allns lichterloh in vulle Blöt.

Un denn. – ja denn geiht't ut un in
Vun een Blom na de anner hin,
Un nich um Honnig geiht't alleen, –
Ick heff't wul lesen un wul sehn,
Wa du de Blom dat leggst an't Hart,
Dat se doch jo keen dowe ward.

Lütt' Imm, lütt' Imm, du leev, lütt' Tier,
Willkamn denn all in'n Blomhof hier!
Nu summ man mal in'n Nötbusch 'rin,
Dar warrst wul all en Fröhstück finn, –
Un wenn du't op hest, likers sacht
En beten för de eerste Dracht.

Der Deuscher hal! ne, süh doch man,
Du hest ja all de Büxschen an!
Un arbeidst all ahn' Ruh un Rast
An'n groten, gehlen Piepenquast, –
Na, büst denn klar? – ick seeg di wul,
De lüttjen Taschen sünd all vull!

Wenn man so bi'n Konditer sitt,
Denn bringt man wul en beten mit, –
Du kummst mi awers noch ni fort,
Ick bün ja eenmal noch an't Wort. –
Wat makt denn *Ihro Majestät*?
Un ob se all den Frier hett? – –

Ick wull man seggn: so'n Swarm is't best',
Un't geiht nich ahn' so'n lütt Prinzeß, – – –
Un denkt se all an't Eierleggn,
Denn gröt ehr man un wullt ehr seggn:
Min Nawer höpt all op en Swarm,
Se schull em ni de Freud verdarbn.

Lütt' Imm, lütt' Imm, fleeg noch ni weg,
Un hör doch wider, wat ick segg,
Ick wull man seggn, wat Nawer seggt.
Als he sick schelln de' mit sin Knecht, –

He sä to em: du büst en Drohn!
Mak dat du wegkummst, du Kujon!

En Drohn? frag ick, wat is denn dat?
Seggt Nawer: de is för de Katt!
En Fulpelz, de nich arbeidn mag
Un unsen Herrgott stehlt den Dag! –
Segg ick: na, Nawer, denn is't gut.
Denn jag em man to'n Hus herut!

Lütt' Imm, lütt' Imm, wa anners büss
Du dochen, als so'n Dagdeev is!
Wa flidig streust un arbeidst du
Un günnst di'n ganzen Dag keen Ruh!
Un in din Husstand wat en Staat!
Wa allns so pük un so akkrat!

Wa mennigeen, wa mennigeen,
Kunn mul an di en Bispill sehn
Un kunn sick seggn: röhr Hann un Föt,
Denn Arbeit makt dat Leben söt!
Un ewig als en Wahrheit bliff't:
Ahn' Flit keen rechten Honnig giff't!

Herr Adbar

Ei süh, Herr Adbar! guden Dag!
Du keemst wul ock eerst öwer Nacht?
Wa hett't denn gahn in all de Weken?
Wo büst du we'n? wo hest du steken?
Dat gung di wul nich alltogut,
Du sühst mi gar to klötrig ut.

Süh dar, – uns' ol Fru Adbarsch ock!
Un forts den Snamel vull von Sprock;
Bi jüm Slag Lüd deit wenig nödig,
Dar is de Preester öwerflödig; –
Dat geiht all so; – du un din Olsch
Levt glücklich un tofredn op polsch.

Na, denn man los! – willkamn bi mi!
Oh weh! dar fallt mi't eben bi –
Du steihst? – dat schall nix Guds bedüden!
Nu warr ick ful op lange Tiden;
Ick harr di leewer fleegen sehn,
Denn kunn ick noch op Reisen tehn.

Mi dünkt, jüm keemn wat riklich fröh,
Dat gifft am Enn noch wedder Snee; –
Denn künnt ju sick man wedder packen,
Dar sitt noch nargns en Pogg to quacken.
Ach, wull't man blots eerst Summer warrn,
Un wenn mi man eerst Maidag harrn!

Ja, Maidag, Maidag, wat en Tid!
Denn ward een rein de Boß so wid;
Denn fangt de Knuppens an to springen.
Denn fangt de Vageln an to singen.
Denn ward so grön de smucken Böm,
Denn kummt dat Krut, denn kamt de Blöm!

Du kiekst hendal un nickst mi to?
Ja, ja! – du denkst wul eben so;
Denn hört di all de smucken Wischen,
Denn stappst du 'rum in't Ret to fischen,
Un alle Näs'lang seggt dat quack!
Un wuppdi! – hest du'n bi de Nack.

Un wat en Leben, wat en Larm!
De Spreen, de fleut, – de Imm wüllt swarmn,
De Kukuk sitt in'n Busch to ropen,
Un Fleeg un Fleerlink swevt tohopen.
De Lammer blarrt, – de Drossel sleit,
Un allns is Luft, un allns is Freud.

Du wahnst doch redig wunnerschön
Un kannst di recht de Welt besehn;
Keen Bursmann kann dat so geneten;
Dat ganze smucke Dörp to Föten
Un rund herum de gröne Feern,
Un baben de Sünn un Mand un Steern.

Durt ock ni lang, kummt mit sin Brut,
Din Nawer Lünk herop un bu't,
Un sitt in't Sprock to rasonneeren,
Als wull he di wat Wunners lehren;
Na, lat em man! – wat is darbi?
Du giffft em doch de Hüsung fri.

Ei, weest du noch? vergangen Jahr,
Des Abnds, – denn weerst du jümmers dar;
Wenn denn de Pögg in'n Möhlndick quacken.
Denn fungn de Jungen an to snacken,
Denn stunnst du baben allemal
Op't eene Been un keckst hendal.

Dat geev ock jümmers veel Plaseer,
Wenn't heele Dörp versammelt weer;
Un wenn wi ünner'n Lidnbom seeten
Un frisch den Brösel dampen leeten

Un spaßen de'n un Leeder sungn,
Dat't lingelanks de Straten klung.

Ick löv, du högst di allemal;
Un Sünndags geev't eerst recht Skandal!
Denn keemn de Deerns dar ock mit twischen,
Wenn't schummrig wurr, weer't gut to fischen; –
Denn wurr dar spelt, denn wurr dar lacht
Bischurns bit in de deepe Nacht.

Ach ja, dat weer en schöne Tid,
Gott Loff, – de Sommer is ni wid.
Du keemst man blots en beten tidig,
Weerst wul in't Fleegen gar to flidig;
Dat's beste, wenn du wedder geihst
Un veertein Dag na'n Süden reist.

Un kummst du wedder, ra' ick di,
Verget mi jo uns' Paster ni! –
Sin junge Fru möch geern mal weegen, –
Dar kunnst wul mal in'n Schoßsteen fleegen; –
Min Olsch neehm ock wul geern noch een: –
Adjüs! – op fröhlich Weddersehn!

De Snee

Wer smitt denn babn vun'n Himmelssaal
Uns all de witten Dun hendal?
Dar fleegt se hin, dar fleegt se her,
Un jümmers dichter, jümmers mehr.
Hei! lustig ist dat antosehn!
Nu segg mal eener mi, wakeen?

Man still! – dat deit de leewe Gott;
Wat makst di lustig? – jo keen Spott,
Allns is dat Beste, wat he deit,
Un darum ock, wenn't Flocken weiht.
Un wullt du geern noch mehr darvan,
So swig man still un hör mi an.

De Winter is en bösen Gast,
He plöckt de Blom un meiht dat Gras;
He sliekt so sach, he lurt so lis',
Sin lange Bart hangt vull vun Is,
Sin Kopp is kahl, – un öwern Kopp
Dar stülpt he sick en Sneemütz op.

He kiekt in alle Fenstern rin
Un süht mal na, wat makt se binn;
Doch schellt se all, nüms is em gut,
Denn mit de Blompütt is dat ut;
Un wo he lur, un wo he stunn,
Dar hebbt se nöst de Isblom funn.

De lüttjen Vageln harrn ehr Not;
Wat deit man ni för't leewe Brod!
De Hadbar hett de Trummel röhrt,
Dar hebbt se all den Ranzel snört,
De Swulken sungn Adjüs vun't Dack
So togn se ut mit Sack un Pack.

Un de torügg bleebn in de Böm,
De lurt un lungert rum na Kröm;
Gehlgösch un Rotboß piept na Brod,
Un Klas-Krei hett sin leewe Not;
Nu bringt de Lünk se vor de Schün, –
Du, – smiet se gau mal'n Handvull hin.

So steiht't all in de Bibel schrebn:
Uns' Herrgott hölt se all an'n Lebn,
Se künnt ni sei'n, se hebbt keen Arn,
Un dochen geiht dar keen verlarn;
He gifft de Lilgn op't Feld ehr Kleed,
Dar is keen Worm, den He vergeet.

Süh, buten meer't doch redig slimm,
Allns, wat dar bleev, wo schull dat hin.
Wenn babn de leewe Gott ni mehr
In'n Winter ock de Leevde weer?
De Summer putz uns doch keen Bom,
Wi harrn keen Gras, keen Korn, keen Blom.

Dat weet He wul, – un darum gau
Wevt He de Wulken ut'n Dau
Un winkt se sacht na'n Heben rop,
Dar hangt se all uns öwer'n Kopp.
Un'n Ognblick wider, – kannst drop bu'n,
Denn hangt se vull vun luter Dun!

Denn röppt He alltohopen sacht
Sin lüttjen Engels in de Nacht.
De putzt sick gau, un hebbt se't da'n,
So binnt se'n mitten Platen an –
Un plöckt un plöckt drup los als dull,
Vun Dun den ganzen Platen vull!

Un nößen swevt se dör' de Welt,
Un nößen streut se öwer't Feld
De witten Dun so lis' un sacht, –
Un streut un streut de ganze Nacht,

Un kiekst du morrns mal rut, – Herrje!
So liggt dar allns bedeckt mit Snee.

Dat is en Dek, dar wahr du di!
So'n wevt de beste Wever ni;
Un de man dar eerst ünner ruht,
De lacht den Winter ruhig ut;
Dar slöppt dat Gras, dar slapt de Blom, –
De Tid, de kummt un geiht, – en Drom!

Un stecht dat Vörjahr vor de Döhr,
Kummt allns bi lüttjen wedder her;
De Blom op't Feld, dat Gras so grön,
De Vagels, de dar wannern de'n.
De Sünn, de babn dör't Blaue swevt,
Un wat dar lacht, un wat dar levt.

Denn freu di man! denn freu di man!
Nöst fangt't vun vörn all wedder an;
De Summer geiht, de Harst de kummt,
Un wenn de Storm eerst wedder brummt,
Un wenn de Snee vun frischen flüggt,–
Wer weet, wakeen all buten liggt!

Lüttjen Kram

In't Korn

Ick stunn in't Korn
Bit öwer de Ohrn
Un dach: hör mi
De Gottessegen!

Riept ock för di
Wul een vun de Wüppen,
Wer stunn in'n Regen
Un kreeg keen Drüppen?!

En Meter

En Meter,
Min Peter,
Wat's 'n Meter?

Seggt Peter:
En Meter?
Ja, seh!
Is'n Peter
Mit'n M, statts'n P.

Komp.: 1 st. v. C. Reinecke.

De arme Bur

De arme Bur,
Wa hett he't sur!
Mit de Gabel in de Hann
In'n Grotvaderstohl,
Achter'n Disch vör de Pann
Vull Klütjen un Kohl,
Un en Stücker söbn
Vun'n duppelten Köm: –

De arme Bur,
Wa hett he't sur!

So is de Mensch

Vun Alt'na na Kiel
So twee vulle Dag
De veertein Miel
Reis' ick mal to Wag',
Un ick mark nix vun lange Wiel.

Vun Alt'na na Kiel
Mit de Isenbahn
So de veertein Miel,
In dree Stunn weer't da'n,
Un dar sleep ick vor lange Wiel.

Vun Alt'na na Kiel,
Würr de Büx ni schav,
Rutsch de veertein Miel
Langs'n Telegraph:
Un du jappst noch vör lange Wiel.

He.

En Piep Toback,
En Mundvull Snack,
En Lüttjen un'n Glas Beer, –
Dat weer so alle Dag sin Smack,
Als he noch recht wat weer.

En Piep Toback,
En Mundvull Snack,
En Lüttjen un'n Glas Beer: –
Nu geiht he in de tweie Jack
Un hett keen Penning mehr.

Rutenkönig

Dat weer en Fest, de Kinner harrn
Ehr Vagelstang dar buten;
Lüttj' Petje wull geern König warrn,
Schot Nawer in de Ruten,
Un als em nu de Jungens narrn,
Wa sung lüttj' Petje an to blarrn,
Wa wurr de Kopp em glönig!
Lüttj' Petje wull geern König warrn,
Nu weer he Rutenkönig.

Komp.: 4 st. v. Cl. Serpenthien, 1 st. v. C. Reinecke

Klas Klaßen sin Klas

Klas Klaßen sin Klas
Dat is di en Baas!
He schot na en Has'
Un drop de Koh;

Dar schreeg he: Ho!
Wa springt dat Aas!
Dat makt ehr Spatz,
Dat ick drop den Has!

Neddeln an'n Weg.

Vör de Neddeln an'n Weg
Heff ick stillstahn un seggt:
Ju nützt doch gar nix op de Welt
Unhebbt jüm hier in'n Graben stellt,
To wuchern un to prassen?
Ju künnt ja wider nix, als brenn,
Woto lett ju uns' Herrgott denn
So wälig diehn un wassen?

Un de Neddeln an'n Weg
Hebbt mi utlacht un seggt:

Snicksnackeri! wat rödelst du!
Sühst du dar ni de Lüttmannsfru?
Se hett sick Neddeln reten;
Se hett en Swien un'n Pöckeltunn,
Un harr se ni de Neddeln funn,
Wat schull dat Swien denn freten?

Wasücken dat bi Hansohm geiht.

Bi Hansohm geiht dat nu all lang
So alle Dag in'n vullen Gang,
Un kann ol' Hansohm ni bestahn,
So liggt dat seker nich an't Gahn.
Sin Olsch geiht op de Nawerschap,
Sin Dochder geiht noch mit de Popp,
Sin Söhn geiht mit de Piep in'n Stall,
Sin Arbeitsmann geiht achter´n Wall,
Sin Köksch geiht in de Krinolin,
Sin Knecht geiht in de Kök to frien,
Un in de Dönsch, dar geiht de Dei,
Un Hansohm geiht de Büx entwei,
Un Hansohm sitt un neiht un deit
Un freut sick, wa dat prächtig geiht.

Sündagsjäger.

De Has'! de Has'!
Dat weer en Spaß,
Harrn wi em kregen!
Dar löppt he, Klas! –
Un hier hett he legen!

Versengelt.

Ick seet an'n Disch un schreev un damp,
Dar flog en Mott mi in de Lamp,
Un als se dod weer, heff ick schreben:
Du arme Mott,
Nu büst kaputt;

Du keemst to dicht
An't helle Licht,
Un datt verdriggt
De Motten nicht;
Weerst du man smuck in'n Düstern bleben.
Denn weerst du seker noch an't Leben!

Op de Tegeli.

Nu süh mal an, dat arme Perd,
Dat mutt dar slimm hindör'!
So'n Hupen Schiet is ock wat wert,
Se quost em man eerst mör;
Nöst fangt de Backers an mit Fliet
Un röhrt de Hann un Been
Un makt di ut de Hupen Schiet –
De schönsten Tegelsteen.

De Hauptsak.

Op Rang un Stand kummt't nümmer an; –
Ob König oder Arbeitsmann:
De Hauptsak is, dat jeder deit
Sin Plicht, in wat för'n Stand he steiht.

Giezhals.

En Giezhals, – slimmer nix als dat,
Un wenn't de Düwel sülben weer!
Son Hungerlider ward ni satt
Bit em dat Mul ward stoppt mit Eer!

Lütt' Rup.

Bischuerns geiht mi't ock mal leeg,
Wakeen harr ni sin Leid un Plag? –
Doch wenn ick di so krupen seeg,
Denn denk ick an min guden Dag

Un freu mi denn, du lütte Rup,
Dat ick ni so, als du, dar krup.

Maidagmorrn

Juchhei! Juchhei!
Wa ick mi freu!
Vunnacht keem Lischen Allerlei!
Nu ward dat grön!
Nu ward dat blöhn!
Nu springt dar alle Knuppens twei!–
Juchhei! Juchhei!
Wa ick mi freu!
Gu'n Morrn, lüttj' Lischen Allerlei!
Gu'n Morrn, Herr Mai!

Ole Leeder in nie Kleeder.

Regen, Regen rusch!

Regen, Regen rusch!
De König fahrt to Busch.
De König kummt ut 't Sommerland,
En smucken Blomstrusch in de Hand,
Regen, Regen, rusch.
De König fahrt to Busch!

Regen, Regen drus'!
Nu mak em smuck sin Hus!
Mit witte Plumm- un Kassbeinböm
Nn rosenrode Appelblöm.
Regen, Regen, drus',
Nu mak em smuck sin Aus!

Regen, Regen, kling!
Ick hör dat Water singn.
De lüttjen Spreen sünd ock all dar,
Se sünd de eersten alle Jahr.
Regen, Regen, kling!
Ick hör dat Water singn!

Regen, Regen, sicn!
Hol op, de Sünn will schien'n,
Ün Wunner deit ehr zollen Macht,
De König kummt in all sin Pracht,
Regen, Regen, fien,
Hol op, de Sünn will schien'n!

Komp.: 1 st. u. 4st. v. L. Gurlitt, f. gemischt. Chor v. Cl. Serpenthien.

Danzleed.

Söben Ehl in Boddermelk!
Un söben Ehl in Klümp!

Un wenn de Schoh versapen sünd,
Denn danzt wi op de Strümp!

Un hebbt wi ook keen Strümp ni mehr,
So hett dat doch keen Not!
De Freud' is't Schönste op de Eer! –
Denn danzt wi plattbarfot!

Söben Ehl in Boddermelk!
Un söben Ehl in Klümp!
Un wenn wi mal recht lustig sünd,
Wat scheert uns Schoh un Strümp!

De Schoh, de makt de Schosterknast!
De Strümp, de strickt de Olsch'!
Doch mit de Freud', dar hett dat Hast! –
Juch! – danzt wi noch mal Pol'sch!

Komp.: 4 st. v. C. W. Prase. 1 st. v. Cl. Serpenthien. 2- u. 4 st. u. f. ge-
mischten Chor v. L. Jessel.

De Bur.

Is de Bur nich en Dusendschelm?
Will he'n Danz för'n Sößling hebbn!
Süh, wa he hinkt!
Süh, wa he springt!
Süh, wa de Bur um'n Sößling dingt!

Is de Bur nich'n Leckertän?
Fritt de Eier mitsams de Hähn!
Süh, wa he kaut!
Süh, wa he staut!
Süh, wa de Bur in't Schöttel haut!

Is de Bur nich'n Sackerlot?
Driggt dat Tüg na de nieste Mod'!
Süh, wa dat lett!

Süh, wa he nett!
Süh, wa de Bur sick striegelt hett!

Is de Bur nich'n Susemind?
Treckt na de Stadt mit Fru un Kind!
Un de arme Bur,
Wa hett he dat sur!
Nu wurr he'n Renntier ganz geg'n sin Natur!

Ick wull för dusend Dahler nich.

Ick wull för dusend Dahler nich,
Dat mi de Kopp af weer.
Denn leep ick rum ahn' min Gesich
Un muß ni, wo ick meer!
Un alle Lud, de würrn denn schreen:
Wat's dat för een?! Wat's dat för em?!

Ick wull för dusend Dahler nich,
Dat ick en oles Wiev.
Denn meer ick schrumplich vun Gesich
Un lenterlahm un stiv!
Un alle Lüd, de reepen denn:
»Weg mit de Olsch! na'n Blocksbarg hen!«

Un wat dat Allerleegft darb!:
Denn würr ick menschenschu!
Denn harr 'ck ock ni min lütt' Marie,
Min allerleevst', lütt' Fru!
Denn weer min ganzes Leb'n en Klex,
Un ick darto en ole Hex!

Jan, min Mann.

Jan, min Mann, steiht hoch in Ehren!
Jan, min Mann, is Nummer Een!
Wassen kann dat Gras he hören
Un in'n Mand de Menschen sehn!

Jan, min Mann, den möt se kamen,
Is de Klökst' in'n ganzen Ort!
Is de Burschap mal tosamen,
Jan, min Mann, de hett dat Wort!

Jan, min Mann, wa kann he snacken,
Allns versteiht he op'n Prick!
Vun de Wild'n un Kakerlacken
Un vun Krieg un Politik!

Jan, min Mann, de mutt berichten,
Wat dar in de Bläder steiht!
Jan, min Mann, vertellt Geschichten,
Dat de Heiloh wackeln deiht!

Jan, min Mann, weet allns to maken,
Weet dat rechte glieks to finn!
Jan, min Mann, in alle Saken
Hett he glieks sin Näs' mit rin!

Jan, min Mann, sitt achtern Aben,
Jan, min Mann, snackt klok un pafft!
Jan, min Mann, vun Mannshand baben
Weet he likers doch nix af!

Anna Susanna.

Anna Susanna!
Stah op un böt Für!
Ach ne, min leev Moder,
Dat Holt is to dür!

Schür mi den Grapen
Un Kedel un Pann!
Ach ne, min leev Moder,
Dat grippt mi so an!

Anna Susanna!
Nu schür doch geswinn!

Ach ne, min leev Moder,
Dat fallt mi nich in!

Morrn tummt de Frier,
Denn murrst ni sin Brut!
Makt nix, denn sök ick
Mi'n annereen ut!

Anna Susanna,
De slog dat in'n Wind –
Un nu is en ole Inngfer
Leev Moder ehr Kind!

Spinn, min Vockäer, spinn?

Spinn, min Dochder, spinn!
De Frier sitt darin.
Spinnst du nich en sienen Draht,
Geiht de Frier en annre Strat!
Spinn, min Dochder, spinn.
De Frier sitt darin!

Spinn, min Dochder, spinn!
Um't lüttje is't all Linn'n!
Un wenn he um die fnegen deit.
Denn ward all bald de Utstür neit.
Spinn, min Dochder, spinn!
Um't lüttje is't all Linn!

Spinn, min Dochder, spinn!
De Tid flüggt gau dahin!
Bald kummt de Köst mit Smaus un Danz!
Denn driggst den grönen Jungfernkranz!
Spinn, min Dochder spinn,
De Tid flüggt gau dahin!

Spinn, min Dochder, spinn!
Un noch wat wider hin,
Denn sünd ju beid'n all ni mehr tmee!

Denn kummt Besök! – denn sünd ju dree!
Spinn, min Dochder, spinn!
Denn settst dat Rad all hin!

Min lüttj' Narie?

Wenn hier en Pott mit Bohnen steiht,
Un dar en Pott mit Bri,
Un denn jüst een vöröwergeiht,
De'n jeder holt för di,
Denn lat ick beide Pötte stahn,
Un mutt dar erst mal'n beten gahn
Mit mine lüttj' Marie!

Wenn dar en roden Appel liggt,
Un'n gehle Beer darbi,
Un jüst een ankummt vun Gesich
Als du, so hell un bli', –
Ick lat den Appel un de Beer
Un loop un spring dar achterher,
Un griep min lüttj' Marie!

Un wo de Bank in'n Schatten steiht,
Dar kann keen Mensch uns sehn, –
Dar staht wi still un sett uns beid', –
Un sünd dar ganz alleen, –
Min Arm um di, – bin Kopp an mi,
Wakeen sünd glücklicher als wi,
Ick un min lüttj' Marie?!

Kumm du um Merrennacht.

Kumm du um Mcrrennacht,
Kumm du Klock een!
Vader slöppt, Moder slöppt,
Wi sünd alleen!

Klopp an min Fenster man!
Röhr an de Klink!

Vader meent, Moder meent,
Dat deit de Wind!

Slapenstid gaht de Deev,
Stehlen is Sünn!
Harr ick di ni so leev,
Leet ick di in? !

Lisen de Blangdöhr geiht; –
Kumm du man, kumm!
Ach, wa dat Hart mi sleit,
Fat wi uns um!

Komp.: 1st. v. L. Jessel.

Ick un min Lisbeth!

Ick un min Lisbeth wüllt Haberfeld gähn,
Wüllt meihen un binnen, als anner Lud dahn.

Anner Lud meihet un binnet dat Korn
Ick un min Lisbeth gaht achter den Dorn!

Achter den Dorn, dar maßt en schön Krut,
Dar binn ick min Lisbeth en Kränzelin ut!

Un kennst du dat Krut ni, so will ick di't nöm'n:
Sund luter lüttj' smucke blau' Ehrenpriesblöm!

Un gehl sünd de Lucken! un blau is de Kranz!
Juch! ick un min Lisbeth, nu gaht wi to Danz!

Un blau, dat bedüd't ja de Farv vun de Tru, –
Juch! bald is min Lisbeth min leev lüttje Fru!

Komp.: 1 st. v. L. Jessel

Ringel, Ringel, Rosenkranz!

Ringel, Ringel, Rosenkranz!
Ketel ov'n Füre!
All de lüttjen Deerns to Danz,
Uns su leev un düre!
Ock min lüttje Ann-Marie
Merrn darmank, de bald mit mi
Geiht wul öwer Stüre!

Ringel, Ringel, Rosenkranz!
Alle Hänn tofaten!
Juch! wa fleegt bi'n Ringeldanz
All de mitten Platen!
Un wenn denn de Ketel kakt.
Ward en grote Bowle matt.
Un en Glas genaten!

Ringel, Ringel, Rosenkranz!
Wat kann't Schöneres geben?!
Noch en Rundgesang na'n Danz
Mit dat Leeust' daneben!
»Bruder, deine Liebe heißt?«
Nöm se man, un wenn du't dei'st.
Hoch lat wi se leben!

Ringel, Ringel, Rosenkranz,
Dat vergeet ick nümmer!
All' de lüttjen Deerns in'n Danz,
Wat för'n Blomenschimmer!
Un kummt denn de Reeg an mi,
Nöm ick di, lütt Ann-Marie,
Min Hartleevst' för immer!

Suse, min lüttj' Suse!

Suse, min lüttj' Suse!
Wat raschelt in't Stroh?!
Dat sünd de lüttjen Muse,
De hebbt keene Schoh!

Suse, min lüttj' Suse!
Lat se rascheln, – hallo!
Ick wull se wul kriegen!
Ick kam mit de Ro'!

Suse, min lüttj' Suse!
Nu slap du man to!
Hest Röckschen un Klöckschen,
Hest Strümp un hest Schoh!

Suse, min lüttj' Suse!
Wat seeg ick?! o! o!
Dar kamt de lüttjen Engeln
Un kiekt all mal to!

Se spelt mit din Röckschen,
Din Strümp un din Schoh!
Se tuschelt an din Küssen
Un küßt di darto!

Suse, min lüttj' Suse!
Min söte lüttj' Blom!
Dar liggst all in Druse,
Un lachst all in'n Drom!

Johann, spann an!

Johann, spann an!
Dree Katten voran!
Dree Müse vorut.
So fahrt Johann na de Brut!

Doch wenn Johann eerst gröter ward,
Un rasch de Tid verflagen,
Ward he ni mehr mit Müse narrt
Un fahrt in'n staatschen Wagen!

Un hin na'n Vullmacht fahrt he denn
Un höllt dar vor sin Döhr!
Un mat för'n Fahrwark, kick mal hen!
Mit so'n Paar Schimmels vör!

Un in de Stuv, dar lurt en Duv
Un röppt: kurru! kurru!
Un't durt ni lang, so driggt se'n Huv
Un is Johann sin Fru!

Un nöst kummt een, – n' lüttjen Mann,
De als sin Vadder heet,
Un Mudding singt ehr'n lüttj' Johann
Bi't Weeg'n dat sülve Leed:

Johann, spann an!
Dree Katten voran!
Dree Müse vörut.
So fahrt Johann na de Brut!

Hänschen!

Hänschen seet in Schosteen
Un flickte sine Schoh;
Dar keem en wackres Mäden
Un sprok em lustig to:

»Ach, Hänschen, wullt du frien,
So kumm un frie um mi!
Ick heff en blanken Dahler,
Un de is gut für di!

Als dat de annern hörten,
Dar steeg se dat to Kopp,

De Hänschen ock begehrten,
Un schreegen na em rop:

Hans, nimm se ni! Hans, nimm se ni!
Se hett en scheeven Fot:
Du kannst mit ehr ni danzen
Vunweg'n den »Hinkelpot!«

Un Lischen de' sick grämen
Un ween dar still un meen:
Nu ward he di ni nehmen
Un friet en annereen!

Doch wat de' Hans in'n Schosteen?
He smeet se mit sin Schoh,
De em sin Deern beschimpen,
Un röp vergnügt darto:

Ju künnt den Mund sick wischen,
Ju sünd mi veel to slecht!
Kumm du man her, min Lischen!
Nu nehm ick di eerst recht!

Hans, do' dat man, Hans, do' dat man,
Ock mit ehr'n scheeven Fot!
Op't Hart alleen kummt doch man an, –
Un Lischen ehr is god!

Kiwitt, wo bliv ick??

Kiwitt, wo bliv ick?
In'n Brummelbeinbusch!
Dar sing ick, dar spring ick,
Dar heff ick min Lust!

Wer geiht dar? Wer steiht dar
Un springt öwer'n Wall?
Nu piep mal! Nu griep mal!
Dar hebbt se sick all!

En Dänzchen, min Hänschen!
Dat Röckschen, dat weiht!
Juchheidi! nu freu di!
Wa schön als dat geiht!

»En Dütjen, min Snütjen,
Min suckersöt Plumm!
Juchheidi! allbeid wi,
Nu fat wi uns um!«

Kiwitt, wo bliv ick?
In'n Brummelbeinbusch!
Dar sing ick, dar spring ick,
Dar heff ick min Lust!

Bi de Sckenk.

Ick sitt un schenk,
Un tapp un denk:
Wenn dat so keem,
Dat he mi nehm!
Un he is en Timmermann!

Un't is so kam'n,
He hett mi nahm'n!
He sprok mi an
Un würr min Mann!
Un he driggt mi op de Hann!

Nu is he min,
Un ick bin sin!
Wat gifft noch mehr
Op düsse Eer,
Dat ick dit Glück verglicken kann?!

Un doch noch wat!
Man lüttj' is dat!
Hier op min Schot

Spelt't min sin Fot:
Min lüttj' Johann, lüttj' Timmermann!

Petersill un Suppenkrut

Petersill un Suppenkrut
Waßt in unsen Gard'n!
Uns' lüttj' Antje, de is Brut!
Ward ni lang mehr wahren,
Denn stiggt in de Kutsch se rin,
Un se fahrt to Karken hin
Mit de Kron' in Haaren! –

Suppenkrut un Petersill
Hört to't Suppenkaken.
Hänschen but en Hus un will
Köpen all veel Saken.
Un wenn man eerst klar dat Hus,
Ward mit sin lüttj' Antje-Mus
Hänschen Hochtid maken! –

Bodderhorn, sett di!

Bodderhorn, sett di!
Näs' un Ohrn blött di!

Bodderhorn blifft bi to fleegn.
Ward sick ol wul höden;
Wenn den plumpen Hann em kreegn.
Den lüttj' smucken Bodderhorn,
Blötten em ni Näs' un Ohrn,
Würrn se em eerst blöden.

Komp: 4 st v. Cl. Serpenthien

De Kukuk un de Kiwitt

De Kukuk un de Kiwitt,
De danzen op'n Möhlndik.

Dar keem'n de lüttjen Spreen,
Dat Danzen antosehn!

Un ock lüttj' Meschen un sin Fru
Seeg'n sick den Spaß mit an, –
Wat de' de böse Kukuk nu?
He lach un flog darvon!

He huck sick op de glatte Eer,
Un legg en Ei geswinn,
Un wo lüttj' Mesch ehr Hüschen weer,
Dar stek he dat gau rin.

Un als lüttj' Meschen krop to Nest,
Wa spansch keem ehr dat vör!
Se ahn ni, wat vasseert bideß,
Als apen stunn de Döhr! –

Un als tonöst de Jungen keem'n,
Wat würr dat dar för'n Not!
De grote Slump freet allns alleen
Un drück de Lüttjen dod!

Dat kummt dar vun so'n Kukuksei!
Un düsse slimme Kunn!
Brok ock toletzt dat Nest noch twei
Un lach un flog darvun!

Un nu ock noch en lüttje Lehr,
De gut für jedereen:
Geihst du mal ut to Jott un Beer,
Lat ni din Hus alleen!

Puthähneken.

Puthähneken, Puthähneken,
Wat wullt du in min Hoff?
Du plöckst mi all de Blomen af,
Un makst dat gar to groff!

Loop wedder na de annern hin,
Se hebbt di all verlarn!
Hier is ock nix für di to finn,
Husch! rut ut minen Gardn!

Puthähneken tröp ünnern Tun,
Un krabbel sick hendör,
Dar keem'n de Dorns em in de Dun!
Wa piep dat lüttje Gör!

Un als dat bi de annern weer,
Wa leeg weer em to Mot!
Lütt Put huck trurig an de Eer,
Un meen, he weer all dot!

Dar hett oll Kluksch ehr Kind verbunn'n!
Un drauht gar mit de Ro'!
Un Kikriki, de neeg bi stunn,
Hett ock noch schull'n darto:

Dat kummt darvun, du eisch lütt Put,
Büst gar keen Mitlid'n wert!
Un neihst uns nu noch eenmal ut,
Denn kriggst wat op din Steert!

De Katt, de seet in'n Neddelbusch!

De Katt, de seet in'n Neddelbusch,
In'n Neddelbusch verborgen,
Dar keem dar'n lüttjen König an,
Un bo' ehr »guden Morgen!«

Dar dach de Katt, den fangst di gau
Un schast di'n smecken laten!
Se hau na em mit scharpe Klau,
Doch kreeg se'n ni to faten!

Un öwer ehr sung ut den Busch
Vergnügt de lüttje König,
Un leet dar op de Näs' vun Musch
Wat fall'n, un gar ni wenig!

He sung: Slickt't af, dat is för di
Un ock wat Sötes twischen!
Un wenn di't smeckt, denn denk an mi,
Un kannst de Näs' di wischen!

Jungs, holt fast!

Is dat nich en schöne Saak
Um uns' ol' leev Modersprak?
De so hartlich fram un tru.
So ahn' Stolt op Du un Du,
Ock noch hüt för Veele paßt?!
Jungs, holt fast!

Röhrt se nich uns Ol'n dat Hart,
Als wenn't noch mal Vörjahr ward?
Kriggt se nich an Moders Bost
Mit de Melk, als eerste Kost,
Pöppen all, de leev lütt Gast?
Jungs, holt fast!

Weer dar een, de spöttisch meen:
Plattdütsch is bi Licht besehn,
Doch man platt un ordinär,
Paßt un schickt sick ock ni mehr!
Lat sin Dünkel, den Hansquast!
Jungs, holt fast!

Weer all malinst baben an,
Harr de Tögel in de Hann,
Seet dar op'n Richterstohl,
Weer dar Bruk in Kark un Schol!
Sülb'n bi'n König in'n Palast!
Jungs, holt fast!

Wat liggt ock nich all'ns darin
För den rechten Mann to sinn!
Kannst man mal de Dichters frag'n,
De mit teht an ehren Wag'n,
Parlen, dat di wunnern schaßt!
Jungs, holt fast!

O, du lüttje Buerndeern,
Als dar schöner noch keen weer'n,
Nich vun Harten un Gesicht!
Ock ehr hochdütsch Süster nich!
Hegt un plegt ehr sunner Rast!
Jungs, holt fast!

Komp.: 4 st. von L. Jessel, 4 st. von Cl. Serpenthien.

Über tredition

Eigenes Buch veröffentlichen

tredition wurde 2006 in Hamburg gegründet und hat seither mehrere tausend Buchtitel veröffentlicht. Autoren veröffentlichen in wenigen leichten Schritten gedruckte Bücher, e-Books und audioBooks. tredition hat das Ziel, die beste und fairste Veröffentlichungsmöglichkeit für Autoren zu bieten.

tredition wurde mit der Erkenntnis gegründet, dass nur etwa jedes 200. bei Verlagen eingereichte Manuskript veröffentlicht wird. Dabei hat jedes Buch seinen Markt, also seine Leser. tredition sorgt dafür, dass für jedes Buch die Leserschaft auch erreicht wird.

Im einzigartigen Literatur-Netzwerk von tredition bieten zahlreiche Literatur-Partner (das sind Lektoren, Übersetzer, Hörbuchsprecher und Illustratoren) ihre Dienstleistung an, um Manuskripte zu verbessern oder die Vielfalt zu erhöhen. Autoren vereinbaren direkt mit den Literatur-Partnern die Konditionen ihrer Zusammenarbeit und partizipieren gemeinsam am Erfolg des Buches.

Das gesamte Verlagsprogramm von tredition ist bei allen stationären Buchhandlungen und Online-Buchhändlern wie z. B. Amazon erhältlich. e-Books stehen bei den führenden Online-Portalen (z. B. iBookstore von Apple oder Kindle von Amazon) zum Verkauf.

Einfach leicht ein Buch veröffentlichen: **www.tredition.de**

Eigene Buchreihe oder eigenen Verlag gründen

Seit 2009 bietet tredition sein Verlagskonzept auch als sogenanntes "White-Label" an. Das bedeutet, dass andere Unternehmen, Institutionen und Personen risikofrei und unkompliziert selbst zum Herausgeber von Büchern und Buchreihen unter eigener Marke werden können. tredition übernimmt dabei das komplette Herstellungs- und Distributionsrisiko.

Zahlreiche Zeitschriften-, Zeitungs- und Buchverlage, Universitäten, Forschungseinrichtungen u.v.m. nutzen diese Dienstleistung von tredition, um unter eigener Marke ohne Risiko Bücher zu verlegen.

Alle Informationen im Internet: **www.tredition.de/fuer-verlage**

tredition wurde mit mehreren Innovationspreisen ausgezeichnet, u. a. mit dem Webfuture Award und dem Innovationspreis der Buch Digitale.

tredition ist Mitglied im Börsenverein des Deutschen Buchhandels.

Dieses Werk elektronisch lesen

Dieses Werk ist Teil der Gutenberg-DE Edition DVD. Diese enthält das komplette Archiv des Projekt Gutenberg-DE. Die DVD ist im Internet erhältlich auf **http://gutenbergshop.abc.de**